SWU-GEN- 009

THE UNIFORMS OF FRENCH ARMIES 1690-1894

VOL. 5

NATIONAL GUARD & ALLIED ARMIES

BY C. LIENHART & R. HUMBERT

SOLDIERSHOP PUBLISHING
BOOK on DEMAND

SOLDIERSHOP SERIES

Title: **THE UNIFORMS OF FRENCH ARMIES 1690-1894 VOL. 5** - **National Guard & Allied armies** from the work of C.Leinhart and R.Hmbert. Edit by Luca S. Cristini. First edition by Soldiershop. November 2019
Cover & Art Design: Luca S. Cristini. ISBN code: 978-88-93275279
Published by Luca Cristini Editore, via Orio 35/4- 24050 Zanica (BG) ITALY. www.soldiershop.com

THE UNIFORMS
OF FRENCH ARMIES
1690-1894
Vol. 5

NATIONAL GUARD
& ALLIED ARMIES

LIENHART & HUMBERT

Les

Uniformes

de

l'Armée

Française

RECUEIL D'ORDONNANCES
de 1690 à 1894

PAR

LE DOCTEUR LIENHART
Professeur aux Facultés Catholiques de Lille

ET

RENÉ HUMBERT
Membre de la Société d'Historiographie Militaire.

LEIPZIG
LIBRAIRIE M. RUHL

UNIFORMS OF THE FRENCH ARMY FROM 1690 TO 1894

The plates presented in our volumes are a copy of the famous engravings made in 5 books by Dr. Costance Lienhart, professor at the University of Lille, and René Humbert, famous member of the Society of Military History, and published by M. Ruhl in Leipzig between 1897 and 1906 in a limited edition of 600 copies. Today many of these copies belong to collectors from all over the world, and it is precisely from one of these that our edition is derived, supplied to us by our friend Luigi Casali, historian and prestigious collector of original volumes of history and uniformology. The images were then cleaned and adapted to modern printing.

This is the first edition to be published in English and Italian. The original chromolithographic plates are almost 400, the layout of the work is divided by type.

The first volume has over eighty plates, is divided into two parts and is dedicated in the first part to the General Staff (general, field helpers, guides...).

The second part presents the uniformological tables of the maison du Roi, the Royal Guard and the Imperial Guard. This volume deals entirely with the cavalry corps composed of eighty colour plates.

The third volume is dedicated to the infantry corps, based on 62 original plates to which we have added images in the appendix.

The fourth volume, the largest with 87 plates, deals with the Artillery and Genius corps and all the other subsidiary corps of the army.

The fifth and last volume presents 84 plates mainly dedicated to the National Guard and the Guards of Honour up to page 15, then begins an interesting chapter dedicated to the allied troops of the French, especially those of the Napoleonic period (Confederation of the Rhine, Italian troops, Dutch, Neapolitan, Spanish, Polish, Prussian, Austrian and Danish).

INDEX OF THE 5TH VOLUME: NATIONAL GUARD AND ALLIED ARMIES

UNIFORMI DELL'ESERCITO FRANCESE DAL 1690 AL 1894

Le tavole presentate nei nostri volumi sono la copia delle famose incisioni realizzate in 5 tomi del Dott. Costance Lienhart, professore all'università di Lille, e René Humbert, famoso membro della società di storia militare, e pubblicate dall'editore M.Ruhl a Lipsia tra il 1897 e il 1906 in tiratura limitata a 600 copie. Oggi molte di queste copie appartengono a collezionisti di tutto il mondo, ed è appunto da una di queste copie che deriva la nostra, fornitaci dall'amico Luigi Casali, storico e prestigioso collezionista di volumi originali di storia e uniformologia. Le immagini sono state poi pulite e adattate alla stampa moderna.

Questa è la prima edizione tirata in inglese e italiano. Le tavole cromolitografiche originali sono quasi 400, l'impianto dell'opera è diviso per tipologia.

Il primo volume conta oltre ottanta tavole, è diviso in due parti ed è dedicato nella prima parte agli Stati maggiori (generali, aiutanti di campo, guide...).

Nella seconda parte sono presentate le tavole uniformologiche della *maison du Roi*, della Guardia reale e di quella imperiale. Questo volume si occupa interamente dei corpi di cavalleria composto da ottanta tavole a colori.

Il terzo volume è dedicato ai corpi di fanteria, basato su 62 tavole originali cui abbiamo aggiunto delle immagini in appendice.

Il quarto volume, il più corposo, con ben 87 tavole si occupa dei corpi di Artiglieria e del Genio e di tutti gli altri corpi sussidiari dell'esercito.

Il quinto e ultimo volume presenta 84 tavole dedicate principalmente alla Guardia nazionale ed alle guardie d'onore fino alla pagina 15, poi inizia un interessante capitolo dedicato alle truppe alleate dei francesi, specialmente quelle del periodo napoleonico (Confederazione del Reno, truppe italiane, olandesi, napoletane, spagnole, polacche, prussiane, austriache e danesi).

INDICE DEL 5° VOLUME: GUARDIA NAZIONALE E TRUPPE ALLEATE

13 JUILLET 1789

TOME V.

GARDE NATIONALE.

Canonniers sédentaires de Lille, Sapeurs-Pompiers.
Gardes d'honneur.

TROUPES ALLIÉES.

LEIPZIG,
M. RUHL ÉDITEUR.
1902.

GARDES D'HONNEUR.

PREMIER EMPIRE.

Infanterie.	Nantes. Cavalerie.	Châlons. Infanterie.	Paris. Cavalerie.	Bayonne. Infanterie.	Pau. Infanterie.

Dept. de l'Orne.
Cavalerie. Dept. du Finistère. In. Infanterie. Reims. Cavalerie. Strasbourg.
Cavalerie. Trompette.

Anvers. Utrecht. La Haye. Delft. Infanterie. Gand.
Cavalerie.

1805. Bruxelles. 1810. Infanterie. Amsterdam. Cavalerie. Infanterie. Troyes. Cavalerie.

Grenadier. Lyon. Infanterie.
Voltigeur. Tambour. Lyon. Cavalerie. Cavalerie.
Officier. Lyon Trompette.

TROUPES ALLIÉES. — BAVIÈRE.
INFANTERIE. 1806.

1er Rég.
Du Roi.

2e Rég.
Prince Royal.

3e Rég.
Prince Charles.

4e Rég.
Saxe-Hildburghausen.

5e Rég.
Preysing.

6e Rég.
Duc Guillaume.

7e Rég. Loewenstein.

9e Rég. Isenbourg.

1812.   1806.
Tambour. 13e Régiment. Grenadier. 4e Régiment.

8e Rég. Duc Pie.

10e Rég. Junker.

13e Rég. (sans nome).

11e Rég. Kinkel.

12e Rég.

Officier.
1er Régiment.

Officier.
2e Régiment.

Musicien.

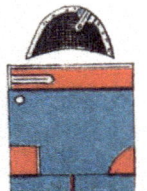
Musicien.

Officier. 1803—05.
(Frac et surculotte.)

9

TROUPES ALLIÉES. — BAVIÈRE.

1806.

     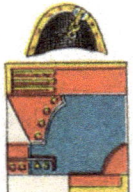

Sous-Lieutenant. 3e Rég.   Lieutenant. 4e Rég.   Capitaine. 9e Rég.   Major. 3e Rég.   Lieutenant-Colonel. 8e Rég.   Colonel. 3e Rég.

Général.

Général-Major.

Général-Lieutenant.

Général-Lieutenant. Petite tenue.

Officier à la suite. Infanterie.

Officier d'état-major.

Général-Lieutenant. Tenue de campagne.

Officier d'état-major.

    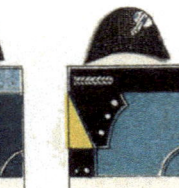

Officier à la suite. Cavalerie.

Aides des camp et officiers d'ordonnance du Roi. Cavalerie.   Infanterie.

Officiers pensionnés supérieur.   inférieur. Cavalerie.   Infanterie.

Officier réformé. Infanterie.

TROUPES ALLIÉES. — BAVIÈRE.

INFANTERIE ET INFANTERIE LÉGERE.

Les 3 Régiments Kinkel.
1807—1811.

14e Régiment.
1806.

Tambours.
4e Rég.   3e Rég.

Chasseurs du Palatinat.
1783.

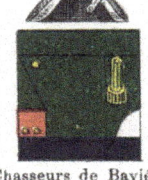

Chasseurs de Baviére.
1783.

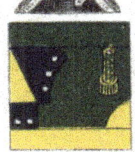

Chasseurs de Juliers.
1783.

Chasseurs de Berg.
1783.

Rég. de Salern.
1789.
Offizier.

Chasseurs à pied.
1805.

Chasseur tyrolien.

Rég. de Schweigel.
1789.
Officier.

Chasseurs
de Schweigel.
1789.

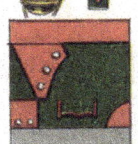

Chasseurs
de Salern.
1789.

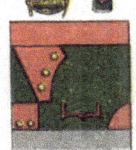

5e Bataillon.
1803.

6e Bataillon
1803

Chasseur à pied.
1805.

Chasseur à cheval.
1805.

TROUPES ALLIÉES. — BAVIÈRE.
INFANTERIE LÉGÈRE. 1811.

1er Bat. Gedoni.   2e Bat. Wrede.   3e Bat. Bernclau.   4e Bat. Theobald.   5e Bat. Buttler.   6e Bat. La Roche.

Chasseurs tyroliens.
Officier.

Chasseurs
tyroliens.

7e Bat. Günter.

Dragons. 1807.
(Pantalon de cheval).

Dragons. 1790.
2e Rég.

Chevau-légers. 1813.
7e Régiment.

Dragons. 1790.
2e Régiment.

Infanterie légère. 1811.
5e Bataillon.

Dragons. 1790.
1er Rég.

DRAGONS. 1804.

CHEVAU-LEGERS. 1790.

1er Régiment.   2e Régiment.   1er Régiment.   2e Régiment.   3e Régiment.   4e Régiment.

TROUPES ALLIÉES. — BAVIÈRE.

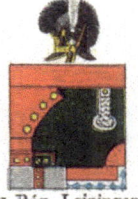

1er Rég.

2e Rég.
Taxis.

3e Rég. Prince Royal
(Pantalon de cheval.)

4e Rég. du Roi.

5e Rég. Leiningen.
(Pantalon de cheval.)

6e Rég. Bubenhofen.

1811. 1er Rég.

1811. 2e Rég.

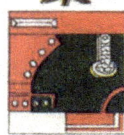

Officier.

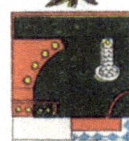

7e Rég.

1804. Artillerie.
Officier.

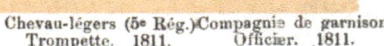

Artillerie. 1811.
Officier.

Chevau-légers (5e Rég.)
Trompette. 1811.

Compagnie de garnison.
Officier. 1811.

1804. Artillerie.

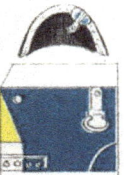

1811.
Officier.

Artillerie.
Soldat.

1810. Train.

1812. Train.

1811. Compagnie de Garnison.
Soldat.

Officier.

Dr. Lienhart et R. Humbert.

TROUPES ALLIÉES. — BAVIÈRE.

Casque de grenadier d'infanterie.
1806.

Casque
d'artillerie.

d'officier
1812.

Casque d'artillerie.
1812.

Giberne de grenadier. 1812.

Bidon. 1809.

Bouton. 1806.

Giberne de carabinier. 1812.

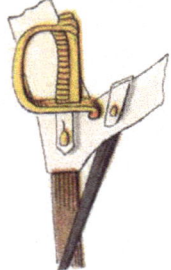
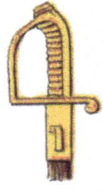
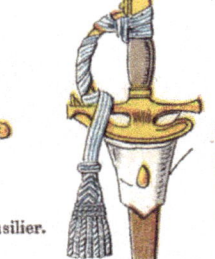
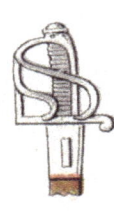
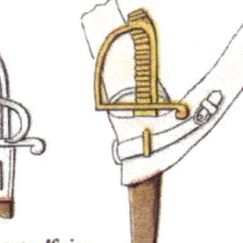

Sabre de fusilier.

Sabre de sous-officier.

Sabre d'infanterie.
1812.

Epée d'officier. 1806.

Sabre de fusilier.

Casque   d'officier
de chevau-légers. 1812.

Sabre et   baïonnette
de sous-   officier.(Monture.)

Casque de   carabinier
d'infanterie.   1809.

TROUPES ALLIÉES. — BAVIÈRE.

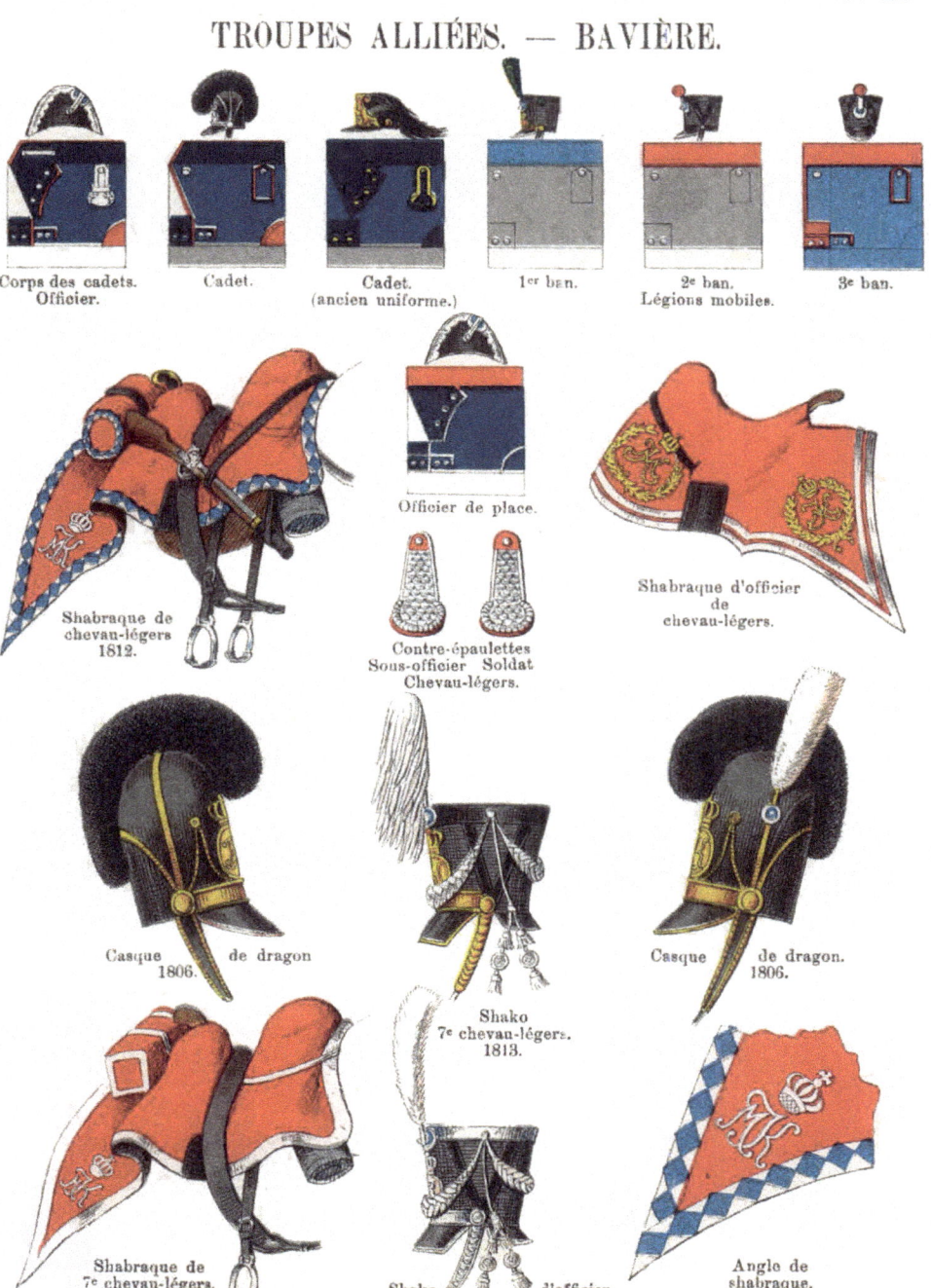

Corps des cadets.
Officier.

Cadet.

Cadet.
(ancien uniforme.)

1er ban.

2e ban.
Légions mobiles.

3e ban.

Shabraque de
chevau-légers
1812.

Officier de place.

Contre-épaulettes
Sous-officier Soldat
Chevau-légers.

Shabraque d'officier
de
chevau-légers.

Casque   de dragon
1806.

Shako
7e chevau-légers.
1813.

Casque   de dragon.
1806.

Shabraque de
7e chevau-légers.
1813.

Shako   d'officier
de   7e chevau-légers.
1813.

Angle de
shabraque.

TROUPES ALLIÉES. — BAVIÈRE.

Général. 1806.
Dos de l'habit de grande tenue.

Général.
Habit de grande tenue.
1806.

Général-Lieutenant. 1806.
Habit et veste de petit uniforme.

Collet d'habit.

Parement.

Boutonnières.

Général-Lieutenant. 1806.
Dos de l'habit de petit uniforme.

Calottes de fontes
d'officiers généraux.

Angle de
shabraque
d'officiers généraux.

Général-
Lieutenant.
1806.
Habit et
veste de
petit uniforme.

TROUPES ALLIÉES. — BAVIÈRE.

Chapeau d'officier général.
1806.

Gland d'écharpe.

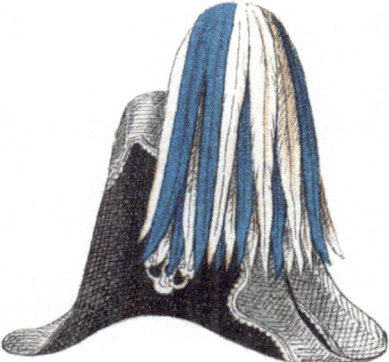

Chapeau d'officier d'état-major.
(Pareil à celui de général, mais
sans plumes blanches.)

Bonnet de police d'infanterie.
1806—1810.

Plaque de casque. 1806.

Bonnet de police de chevau-légers.
1810.

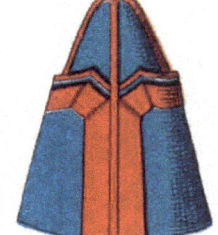

Bonnet de police. (derrière.)

Ceinturon d'officier
de cavalerie.

Basques d'habit de
chevau-légers.

Bonnet de police. (derrière.)

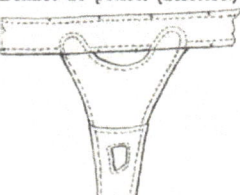

Porte-épée (Off. supérieurs
et généraux.)

TROUPES ALLIÉES. — WURTEMBERG

1806.

Général d'infanterie.   Général de cavalerie.   Généraux aides de camp.   Etat-major.   Ministère de la guerre. (Etat-major du quartier-maître général.)   Corps d'intendance

    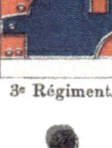 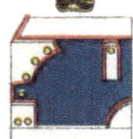

1er Régiment.

3e Régiment.

6e Régiment.

4e Régiment.   6e Régiment.

Infanterie. 1806.

  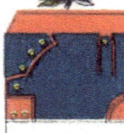 

2e Régiment.

4e Régiment.

7e Régiment.

 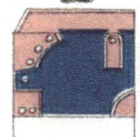  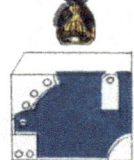   

8e Régiment.   3e Régiment. 1810.   Régiment de Cammerer.   Officier supérieur. 4e Régiment.   Tambours. 6e Régiment.   1er Régiment.

TROUPES ALLIÉES. — WURTEMBERG.

INFANTERIE ET INFANTERIE LÉGÈRE.

1811.   1811.   1811.

1er Rég.
Prince Paul.

2e Rég.
Duc Wilhelm.

3e Rég.

4e Rég.

5e Rég.
Prince Friedrich.

6e Rég.
Prince Royal.

1811. 7e Rég.

1813. 1er Rég.
d'infanterie du corps.

1811. 8e Rég.

1813. 2e Rég.
Duc Wilhelm.

1811. 9e Rég.

Chasseur à pied.   Infanterie légère.   Rég ce Fusiliers de Neubronn.
1er Bon. 1806.   Officier. 1811.   Officier. 1808.
                                                 (devient 1811 7e Rég.)

1813. 5e Rég.
Prince Friedrich.

CHASSEURS A PIED.

1813.   1806.   1808.

4e Rég.

7e Rég.

1er Bon.
(d'Hügel.)

2e Bon.
(de Scharfferstein.)

1er Bataillon du Roi.
Chasseur.

Cornet.

TROUPES ALLIÉES. — WURTEMBERG.
INFANTERIE LÉGERE ET CAVALERIE.

2ᵉ Bataillon (de Neuffer) 1808.   Chasseurs du Roi.   Infanterie légère.   Rég. d'infanterie légère.
Chasseur.   Cornet.   (Bataillon) 1813.   1806.   1811.   1813.

Chevau-légers. 1808.
Rég. Duc Henri.

Chevau-légers du
Corps. 1808.

Chevau-légers. du
Corps. 1806.

Chevau-légers du
Corps. 1809.

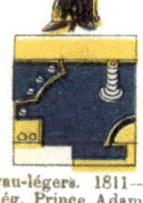

Chevau-légers. 1811—12.
Rég. Prince Adam.

Chevau-légers.
(Leib-Regiment)
1808.

Officier des Chasseurs
du Rég. Duc Louis.
1808.

Chasseurs à cheval.
Prince Paul. 1806.

  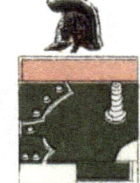 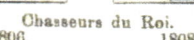  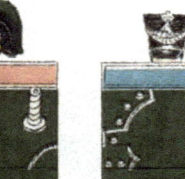

Chasseurs à cheval. 1808. Rég. Duc Louis.   Chasseurs du Roi.   Chasseurs du Roi.
Chasseur.   Officier.   1806.   1808.   1811—12.   1813
(4ᵉ Rég. de cavalerie.)

TROUPES ALLIÉES. — WURTEMBERG.

CAVALERIE   ARTILLERIE.   GARDE ROYALE.

Chasseurs à cheval.
Rég. Duc Louis. 1812.
(3e Rég. de cavalerie.)

Dragons du
Prince Royal.
1812. (5e Rég.
de cavalerie.)

Chevau-légers.
Rég. Prince Adam.
1813. (1e Rég.
de cavalerie.)

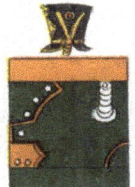

Chevau-légers
du Corps. 1813.
(2e Rég. de cavalerie.)

Artillerie à pied.
1806

1812.

Artillerie à pied.
Officier. 1808—11.

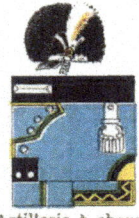

Artillerie à cheval.
Officier. 1808.

Artillerie à cheval.
1813.

Artillerie à pied.
1813.

Gendarmerie.

Grenadier
de la Garde. 1808.

Officier des Gardes du Corps.
1808.

Garde du Corps
en soubreveste 1807.

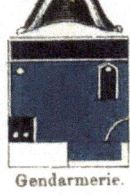

Ecole militaire.

Artillerie à cheval.
1806.   1808.

Garde à pied.
1806.

Garde à pied.
Grenadiers.
1808—13.

Chasseurs.
1809—13.

Garde du Corps.

Pl. 29.

TROUPES ALLIÉES. — WURTEMBERG.

GARDE ROYALE.

Chasseurs.
(Leib-Jäger.)

Grenadiers
à cheval.

Les 4 escadrons réunis en corps.
1er

2e, 3e, 4e.

Artillerie à cheval de la Garde.
1807.

1813.

Artillerie à pied
de la Garde.

Guide. 1806.

Artillerie de la
maison du Roi. 1811.

Guide. 1808.

Artillerie de la
maison du Roi. 1813.

Artillerie à
cheval de la Garde.
1808.

Grenadier
à cheval.
1808.

Guide.
1808.

Officier des Guides.
1808.

Shabraque d'officier
du Rég. Duc Louis.
1808.

Parement.
d'Elève de l'École militaire.

Collet.

Shabraque.
Régiment Duc Louis.
1808.

22

TROUPES ALLIÉES. — FRANCFORT SUR LE MEIN.

Infanterie.
1806.

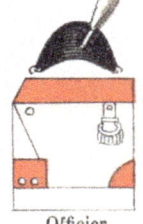

Officier.

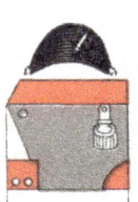

Officier,
petite tenue.

Chasseur.
1806.

Chasseur
1808.

Grenadier.
1806.

Officier.
1808.

Voltigeur.
1808.

Tambour.

Voltigeur.
1810.

Fusilier.

Grenadier.
(20 Mars 1808.)

Cavalerie bourgeoise.   Grenadier.

Hussard.

Cavalerie bourgeoise.
Officier.

Plaque de shako.

Cavalerie bourgeoise.
Cavalier.   Trompette.

TROUPES ALLIÉES. — BADE.

1802—1806.

Régiment du Corps.
Soldat.   Tambour.

Régiment du Corps.
Musicien,   Musicien,
grande tenue. petite tenue.

Régiment du Corps
grande tenue. Officier, petite tenue.

Fusiliers du Prince Héritier.
Soldat.   Tambour.

Fusiliers
de Rastatt.

Grenadier de la
Garde. 1806.

Infanterie.
Officier 1806.   Officier 1807.

Infanterie.
Rég. du Corps. Les autres régiments.

1er

Infanterie de ligne. 1813.
2e   3e   4e

Chasseurs.
1808.   1813.

Dragons légers.
1804—1808.   1808.

Dragons légers. 1808. 1er Régiment. 1813.
Officier, grande tenue.   tenue ordinaire
(aiguillettes.)

1er Régiment, grande   1er Régiment.
(patte d'épaule.)   Officier.

2e Régiment.
1813.
Soldat.   Officier.

Hussards. 1802—1806.
Cavalier.   Officier.

TROUPES ALLIÉES. — BADE.

Officier de hussards, petite uniforme. 1802.

Hussards, officier 1810.

Hussards. (pantalon de cheval.) 1810.

Hussards, petite tenue. 1810.

Officier, tenue de ville. 1810.

Artillerie. 1806.

Artillerie. 1808.

Artillerie. 1813.

Artillerie. Officier. 1808.

Sergent d'invalides. 1802.

Officier des Gardes du Corps. 1813.

Grenadier de la Garde. 1806.

Artillerie. Officier. 1813.

Artillerie à cheval. 1813.

Pionniers. 1810.

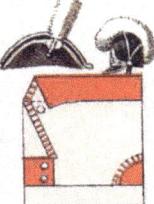

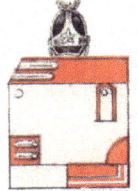

Invalides.

Invalides. Tambours. 1802.

Gardes du Corps. 1806.

Gardes du Corps. Officier. 1813.

Gardes du Corps. Cavalier.

Officier, tenue de gala.

Dr. Lienhart et R. Humbert.

TROUPES ALLIÉES. — CLÈVES-BERG. — HESSE-DARMSTADT.

CLÈVES-BERG.

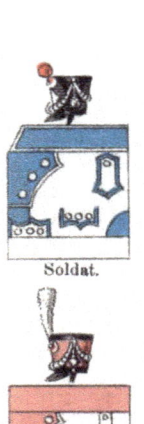    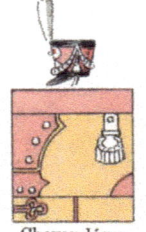 

Soldat.   Officier.   Musicien.   Officier.   Chevau-léger.   Chasseur à cheval.
                                                  (petite tenue.)

Officier de
Chevau-légers.

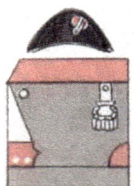

Officier.
(petite uniforme.)

Lancier de Berg.
1809.

Artillerie   Rég. Prince Héritier. Infanterie Chasseur à cheval
de Berg.   1809.   (Sapeur) de Berg (Cie d'Elite)
              Hesse-Darmstadt.   de Berg.   1809.

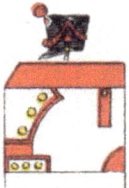

Lancier de Berg.
1809—1812.

Artilleur.

Chasseur à cheval.

HESSE-DARMSTADT. 1803—1807.

Brigade de la Garde.   Brigade Prince Héritier.   Brigade du Landgrave.
Mousquetaire.   Fusilier.   Mousquetaire.   Fusilier.   Mousquetaire.   Fusilier
                                                                                (du Corps.)

TROUPES ALLIÉES. — HESSE-DARMSTADT.

Rég. du Corps. Rég. de la Garde. Rég. Prince Héritier. Rég. Prince Héritier. (tenue petite et de route). Rég. du Corps. 1813. Rég. de la Garde. 1813.

Infanterie. (Rég. Prince Héritier.) Tenue d'Espagne.

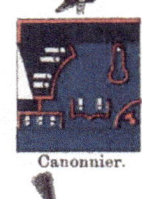

Canonnier.

Batterie d'Espagne.

Artillerie, officier.

Brigade Prince Héritier. Officier. 1803—1807.

Chevau-légers. Cavalier.

Conducteur.

Artillerie, sous-officier.

    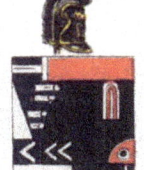 

Gardes du Corps. Soldat.   Officier.   Chevau-légers. Cavalier.   Officier.   Chevau-légers. Trompette.

27

TROUPES ALLIÉES. — NASSAU. — WESTPHALIE.

NASSAU.

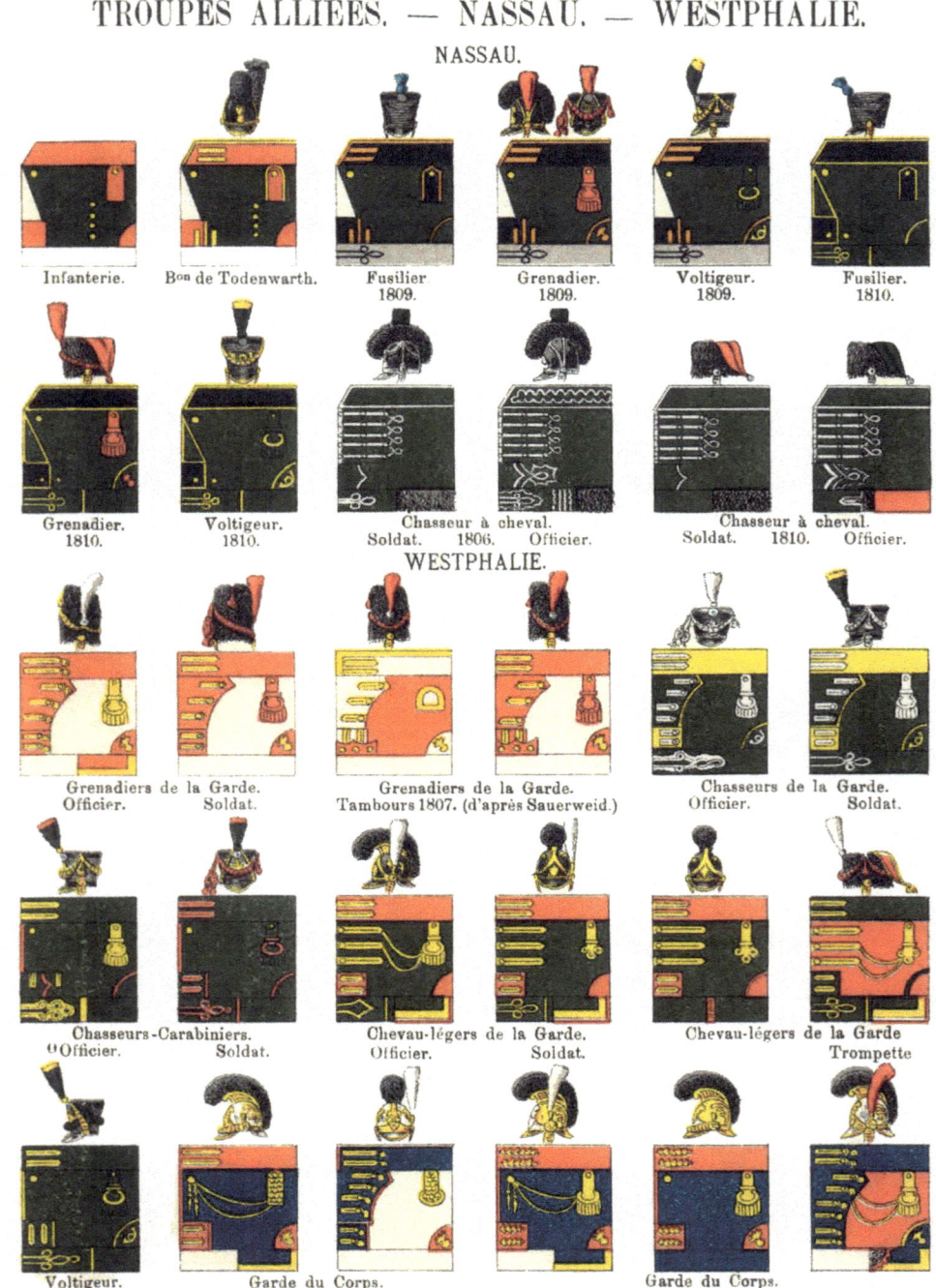

Infanterie.   Bᵒⁿ de Todenwarth.   Fusilier 1809.   Grenadier 1809.   Voltigeur 1809.   Fusilier 1810.

Grenadier. 1810.   Voltigeur. 1810.   Chasseur à cheval. Soldat. 1806. Officier.   Chasseur à cheval. Soldat. 1810. Officier.

WESTPHALIE.

Grenadiers de la Garde. Officier.   Soldat.   Grenadiers de la Garde. Tambours 1807. (d'après Sauerweid.)   Chasseurs de la Garde. Officier.   Soldat.

Chasseurs-Carabiniers. Officier.   Soldat.   Chevau-légers de la Garde. Officier.   Soldat.   Chevau-légers de la Garde Trompette

Voltigeur.   Garde du Corps. Tenue de gala.   Officier, grande tenue.   Garde du Corps. Officier, petite tenue.   Trompette.

28

TROUPES ALLIÉES. — WESTPHALIE.

Officier. Artillerie. 1809. Soldat.   Artillerie de la Garde. 1812.   1er Rég. Fusilier. 2e, 7e, 8e Rég.   Officier.   Officier, tenue de marche.

Fusilier, tenue de marche.

 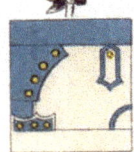 

3e et 4e Régiment.

5e et 6e Régiment.

   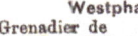  

Sous-officier, tenue de ville. 1808.

Sous-officier, tenue de ville. 1812.

Tambour. 7e Régiment.

Nassau.
Tambour. 1812.   Voltigeur. 1812.

Westphalie.
Grenadier de la Garde. 1808.   Sous-officier, tenue de ville. 1812.

Infanterie. 1810.   7e et 8e Régiment. 18....   Tambour. 1er Régiment.   1807.   Infanterie légère. Carabinier. 1810.   1808.

TROUPES ALLIÉES. — WESTPHALIE.

Rég. de la Reine.
Grenadier.
1812.

Cuirassiers.
Officier.

1er Régiment.
Cavalier.

Cuirassiers. 1er Régt.
1812.

Cuirassiers.
2e Régt.

Cuirassiers. 2e Régt.
Trompette.

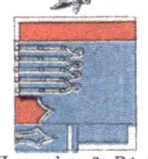

Hussards. 1er Régt.
Officier.

Hussards. 2e Régt.
Officier.

Hussards. 1er Régt.
Trompette.

Hussards. 2e Régt.
Trompette.

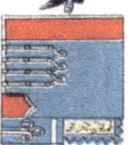

Artillerie de la Garde. Cuirassier. 2e Régt.
1812.

Hussards. 1er Régt.
Cavalier.

Hussards. 2e Régt.
Cavalier.

Chevaulégers 1er Régt.
Cavalier.

Chevaulégers. 1er Régt.
Officier.

Chevaulégers. 1er Régt.
Trompette.

Chevaulégers. 2e Régt.
Trompette.

Chevaulégers. 2e Régt.
Cavalier.

Artillerie à pied.

Dr. Lienhart et R. Humbert.

TROUPES ALLIÉES. — WESTPHALIE.

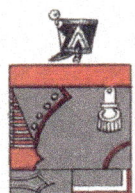
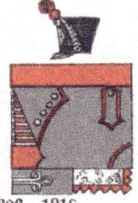

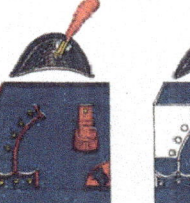

Train.   1806—1812.   Train.   Garde nationale. 1812.   Garde nationale
Officier.   Soldat.   Soldat.   1er Bat on.   2e Bat on.   à cheval. 1812.

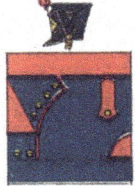

Gendarmerie.   Ecole militaire.

Officier d'ordonnance   Inspecteur aux revues.
du Roi.

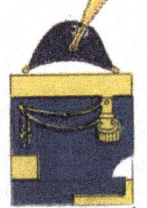

Officier d'état-major,   Officier d'état-major.   Tambour-major.   Officier d'état-major.
grande tenue.   1812.

Tambours-majors   Colonel-général   Général   Général   Adjoint
d'infanterie.   de la Garde.   de division.   de brigade.   d'état-major.

TROUPES ALLIÉES. — WESTPHALIE. — WURZBOURG.

WESTPHALIE.

Uniforme primitif. [1]

Uniforme modifié.

Trompette.

Trompette. 1814.

Petite tenue.

Officier.

Hussards Jerôme Napoléon.

Hussards Jerôme Napoléon.

WURZBOURG.

WURZBOURG.

WURZBOURG.

1er Bataillon. 1806.

2e Bataillon. 1806.

3e Bataillon. 1806.

1807.

Grenadier. 1807.

Voltigeur. 1807.

Infanterie. Soldat (Petite tenue). 1812.

Artilleur. 1812.

Chevau-léger. 1807.

WURZBOURG.

Officier. 1807.

Fusilier. 1812.

Grenadier.

Officier de Grenadiers.

Voltigeur.

Officier de Voltigeurs.

¹) Cet uniforme ne fut porté que quelques jours. Il fut de suite modifié.

TROUPES ALLIÉES. – WURZBOURG. – SAXE.

WURZBOURG.

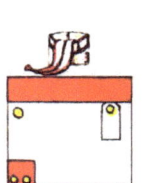
Infanterie,
petite tenue.

Musicien.

Chevauléger.
1807

Chevauléger.
1812.

1807.

Artillerie.
1812.

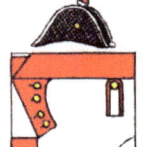
Train. 1812.

Cie de garnison. 1812.

SAXE. 1802—1810.

Rég. Prince Electeur.
(1806 Rég. du Roi.)

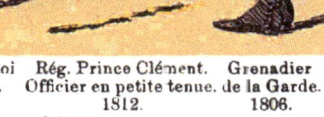

Officier des   Rég. du Roi   Rég. Prince Clément.   Grenadier
Grenadiers de la   Officier.   Officier en petite tenue. de la Garde.
Garde. 1802.   1812.   1812.   1806.

SAXE. 1802—1810.

Rég. Prince Clément.

Rég. von Saenger.

Rég. Prince Antoine.

SAXE.

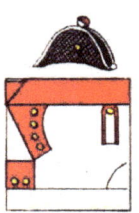
von Rechten.

Rég.
von Niesemeuschel.

Rég. Prince Xavier

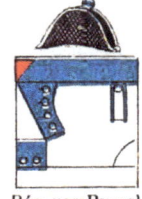
Rég. von Ryssel.

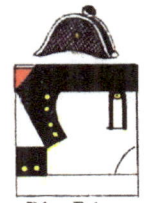
Rég. Prince
Frédéric Auguste.

Rég. von Low.

SAXE. 1802—1810.

Pl. 41.

TROUPES ALLIÉES. — SAXE.

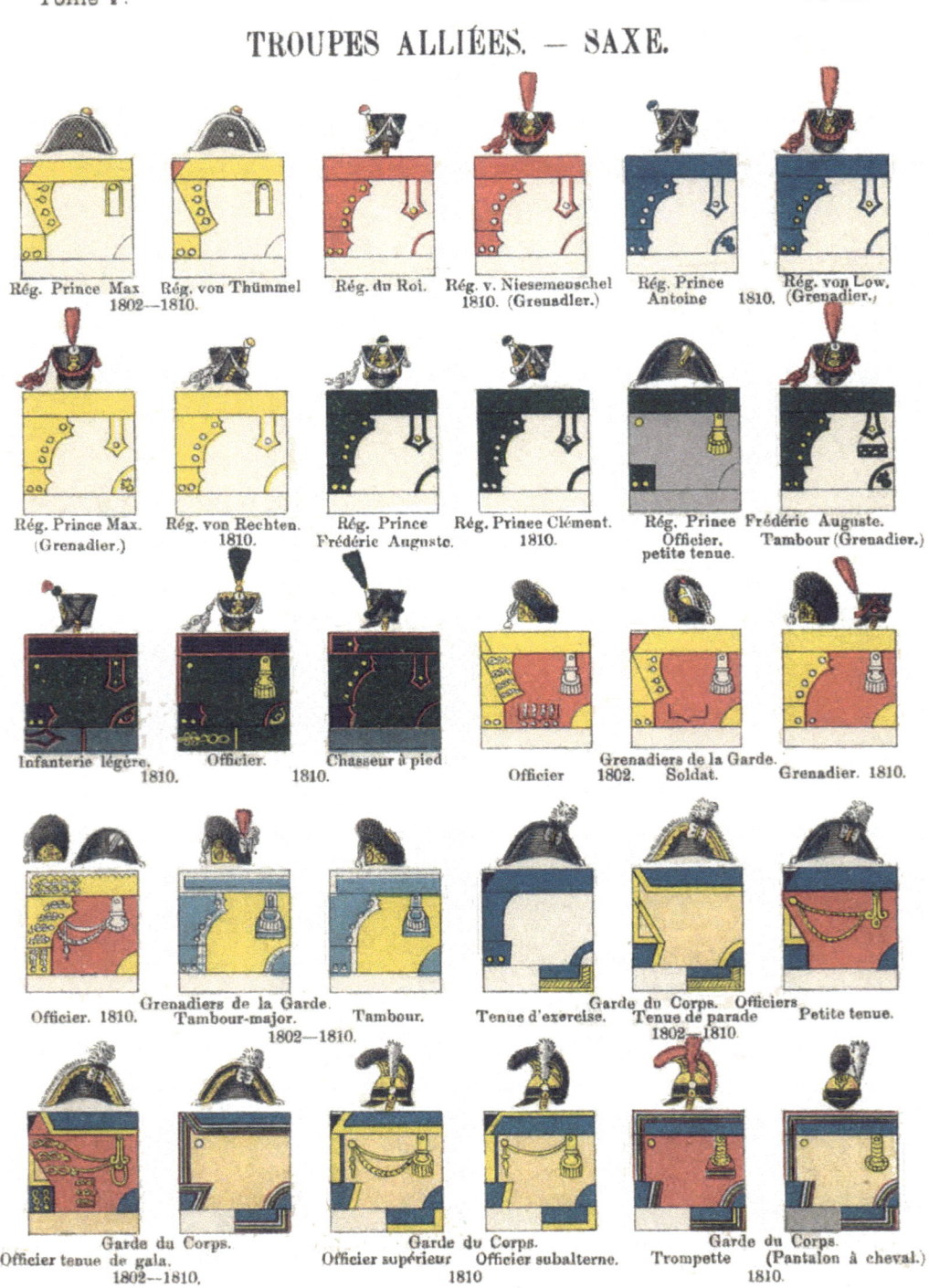

Rég. Prince Max
1802—1810.

Rég. von Thümmel

Rég. du Roi.

Rég. v. Niesemeuschel
1810. (Grenadier.)

Rég. Prince
Antoine 1810.

Rég. von Low,
(Grenadier.)

Rég. Prince Max.
(Grenadier.)

Rég. von Rechten.
1810.

Rég. Prince
Frédéric Auguste.

Rég. Prince Clément.
1810.

Rég. Prince
Officier,
petite tenue.

Frédéric Auguste.
Tambour (Grenadier.)

Infanterie légère.
1810.

Officier.
1810.

Chasseur à pied

Officier

Grenadiers de la Garde.
1802. Soldat.

Grenadier. 1810.

Officier. 1810.

Grenadiers de la Garde.
Tambour-major.
1802—1810.

Tambour.

Tenue d'exercise.

Garde du Corps. Officiers
Tenue de parade
1802—1810

Petite tenue.

Garde du Corps.
Officier tenue de gala.
1802—1810.

Garde du Corps.
Officier supérieur Officier subalterne.
1810

Trompette

Garde du Corps.
(Pantalon à cheval.)
1810.

TROUPES ALLIÉES. — SAXE.

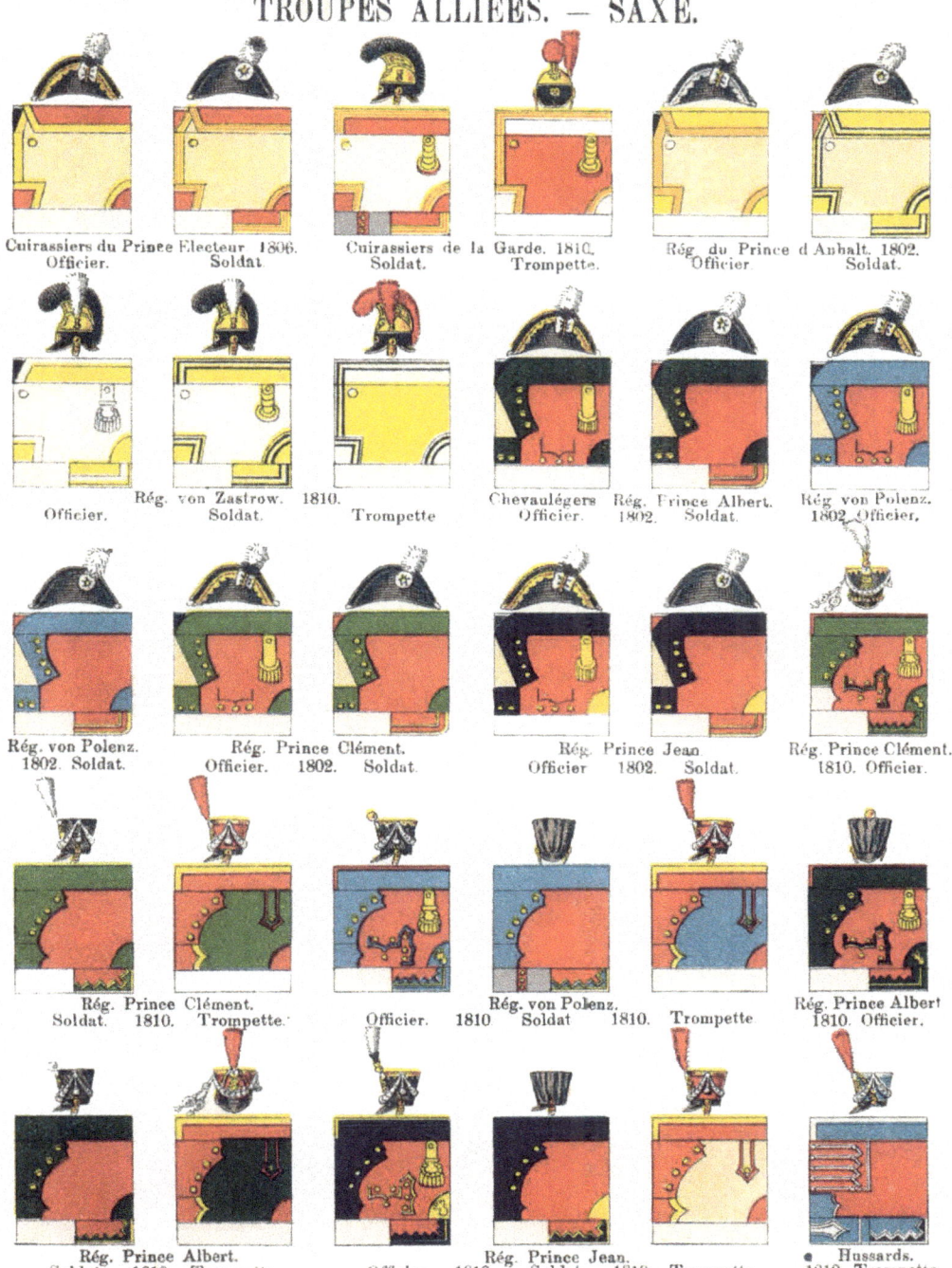

Cuirassiers du Prince Electeur 1806. Cuirassiers de la Garde. 1810. Rég. du Prince d'Anhalt. 1802.
Officier.   Soldat.   Soldat.   Trompette.   Officier.   Soldat.

Officier.   Rég. von Zastrow.   1810.   Chevaulégers   Rég. Prince Albert.   Rég. von Polenz.
                 Soldat.   Trompette   Officier.   1802.   Soldat.   1802. Officier.

Rég. von Polenz.   Rég. Prince Clément.   Rég. Prince Jean   Rég. Prince Clément.
1802. Soldat.   Officier.   1802.   Soldat.   Officier.   1802.   Soldat.   1810. Officier.

             Rég. Prince Clément.   Rég. von Polenz.   Rég. Prince Albert
Soldat.   1810.   Trompette.   Officier.   1810   Soldat.   1810.   Trompette   1810. Officier.

             Rég. Prince Albert.   Rég. Prince Jean.   Hussards.
Soldat.   1810.   Trompette.   Officier   1810.   Soldat.   1810.   Trompette   1810 Trompette.

Dr. Liennart et R. Humbert.

TROUPES ALLIÉES. — SAXE.

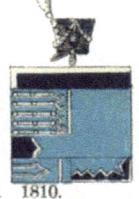

Hussards. 1802. Officier.   Hussards. 1802. Soldat.   Hussards. 1802. Pelisse et pantalon à cheval.   Hussards. 1810. Officier.   Hussards. 1810. Soldat.   Hussards. 1810. Pelisse et pantalon à cheval.

Carabiniers. 1802. Officier.

Carabiniers. 1802 Soldat.

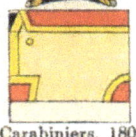

Artilleur. 1802.

Artillerie. 1802. Sous-officier.

Artillerie. 1802. Officier.

Artillerie. 1802. Conducteur.

Artillerie. 1802. Officier, petite tenue.

Officier de Hussards en pelisse. 1812.   Officier de Chevaulégers. 1810.   Trompette d'artillerie. (Shako couvert.) 1812.   Officier en redingote. 1806.

Artillerie à pied. 1810. Tambour

Artillerie. 1810. Soldat.   Artillerie à cheval. 1810. Trompette.   Artillerie à cheval 1810. Officier.   Artillerie à pied. 1810. Officier.   Train. 1810 Officier.

Dr. Liennart et R. Humbert.

TROUPES ALLIÉES. — SAXE.

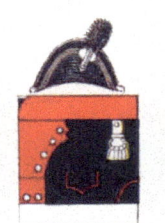

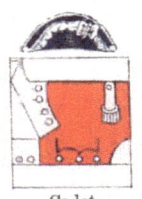

Officier. Ingénieur. 1806.   Elève-ingénieur.   Officier-Ingénieur. 1810.   Sapeur.   Cadet.   Officier des cadets 1806.

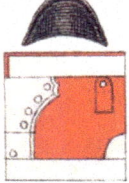

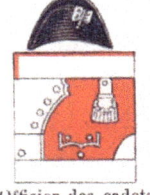

Cadet. 1810.

Officier des cadets. 1810.

Général 1806.

Général-lieutenant. 1806.

Général-major. 1806.

Général-lieutenant. 1806.   Commandant de place. 1810.   Général. 1810.   Général. 1810.

Aide de camp. 1810.   Aide de camp du Roi.   Aide de camp du prince Electeur. 1806.   Commandant de place.   Adjudant de place. 1806.   Commandant de place. 1810.

37

TROUPES ALLIÉES. — SAXE. — SAXE-GOTHA-COBOURG-WEIMAR. — LIPPE.

SAXE.

Inspecteurs aux revues.   Médecin.   Garde nationale à pied   Musicien.   Tambour-major.   Garde nationale à cheval.

Saxe-Gotha. 1807.

Saxe-Weimar. 1807—1809.

Saxe-Weimar. 1812-1813.

 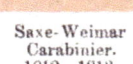

Saxe-Gotha 1809   Lippe 1812   Saxe-Cobourg. Fusilier. 1809.   Saxe-Weimar Carabinier. 1812 1813

Saxe-Gotha. 1809.

Saxe-Weimar. 1809.

Saxe-Weimar. Officier.

Saxe-Weimar. Hussard.   1806—1812 Hussards. Pelisse et pantalon à cheval.   Saxe-Cobourg.   1807-1812. Officier.   Lippe. 1808.   Lippe. 1812.

TROUPES ALLIÉES. — ANHALT, SCHWARZBOURG, WALDECK, REUSS, OLDEMBOURG, MECKLEMBOURG.

Infanterie. — Anhalt. Chasseur à cheval. — Anhalt. Officier. — Schwarzbourg. 1808. — Schwarzbourg. 1812. — Schwarzbourg. (d'après Suhr.)

Schwarzbourg. Officier. — Oldembourg. — Waldeck. — Oldembourg. Officier.

Mecklembourg-Strélitz. — Anhalt. Chasseur à cheval. — Schwarzbourg. — Reuss. — Oldembourg. Officier. — Oldembourg. 1812. (Rég. de ligne.)

Reuss. — Reuss. Officier. — Mecklembourg-Schwérin. Grenadier. — Mecklembourg-Schwérin. Artillerie. — Mecklembourg-Schwérin. Garde (d'après Suhr.) Fusilier. — Grenadier.

TROUPES ALLIÉES. — ITALIE. RÉPUBLIQUE CISALPINE.

Soldat.

Infanterie Lombardo-cisalpine
Tambour.

Tambour-major.

Officier.

Artillerie.

Sapeurs.

Hussards.

Chasseurs à cheval.

Soldat.

Garde nationale de Milan
Officier.

Artillerie.

Infanterie.
1797.

Grenadier.

Carabinier.

Infanterie légère.

Infanterie
polonaise.

Cavalerie
polonaise (1).

Cavalerie
polonaise (2).

Officier d'infanterie
polonaise.

Officier de
cavalerie polonaise

Sapeurs.

Mineurs.

Ouvriers.

Artificiers.

1er Hussards.

2e Hussards.

Chasseurs à cheval.

Artillerie à pied.

Artillerie à cheval.

Bon d'officiers.

TROUPES ALLIÉES. — ITALIE.

GARDE ROYALE.

Grenadier.   Carabinier.   Vélite Grenadier.   Vélite Carabinier.   Chasseur.   Officier. (Vélites grenadiers.)

Garde d'honneur. Cie de Milan.

Garde d'honneur. Officier. Cie des Romagnes.

Garde d'honneur. Cie de Bologne.

Garde d'honneur. Cie des Romagnes.

Garde d'honneur. Cie de Brescia

Garde d'honneur. Cie de Venise.

Garde d'honneur de Bologne.   République cisalpine. Tambour.   Garde royale. Officier d'artillerie à pied.   Grenadier de la Garde.

Dragon.   Trompette des Dragons.   Artillerie à pied. [1]   Train d'artillerie.   Gendarmerie d'élite.

[1] Nous n'avons pas reproduit l'uniforme de l'artillerie à cheval de la Garde royale, ce dernier étant pareil à celui du corps correspondant dans Garde impériale française. Nous y renvoyons nos lecteurs.

TROUPES ALLIÉES. — ITALIE.

INFANTERIE DE LIGNE.

1er Rég. Grenadier.   2e Rég. Grenadier.   3e Rég. Fusilier.   4e Rég. Fusilier.   5e Rég. Fusilier.   6e Rég. Fusilier.

7e Rég. Grenadier.

Voltigeur.

Inf. légère. 1er Rég. Carabinier.

Inf. légère. 2e Rég. Voltigeur.

 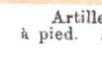 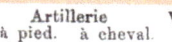 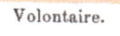 

Inf. légère. 3e Rég.   Chasseur de Brescia.   Artillerie à pied. à cheval.   Volontaire.   Collège militaire.

Inf. légère. 4e Rég.

Rég. Dalmate.   Chasseurs de Brescia.   Compagnie de Réserve.   Garde de Milan et de Venise.   Vétérans.   Volontaires.

42

TROUPES ALLIÉES. — ITALIE.

Pompiers.

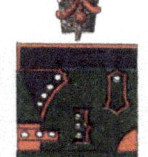

1er Rég.

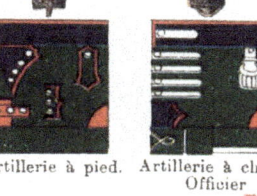

Chasseurs à cheval.
2e et 3e Rég.

4e Rég.

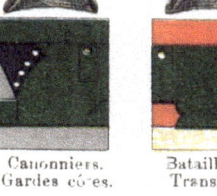

Dragons de la Reine.

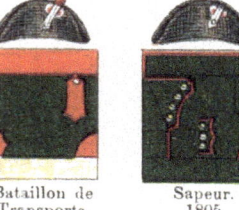

Dragons Napoléon.

Artillerie à cheval.

Artillerie à pied.

Artillerie à cheval.
Officier

Canonniers.
Gardes côtes.

Bataillon de
Transports.

Sapeur.
1805.

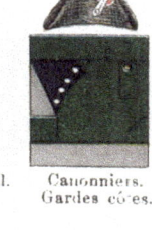

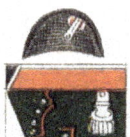

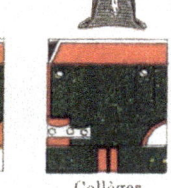

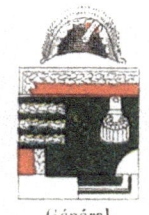

Génie.
1812.

Officier de Génie.
1805.

Train du Génie.

Gardes des Génie.

Gendarme
à cheval.

Gendarme
à pied.

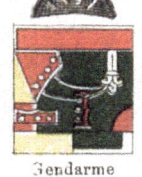

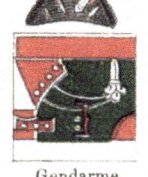

Ingénieur
géographe.

Collèges
militaires.

Général.

Etat-major.

Commissaire des
guerres. (Garde.)

Inspecteur
aux revues.

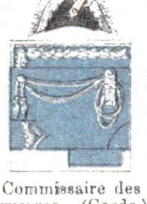

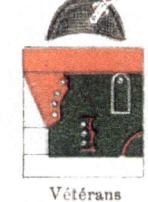

Marin de la Garde.

Marin.

Canonnier
de Marine.

Collège de Marine.

Vétérans
de Marine.

Artillerie
de Marine.

TROUPES ALLIÉES. — ROYAUME DE NAPLES.

1er Rég. d'infanterie.
(Shako couvert.)

2e Régiment.
Voltigeur.

3e Régiment.
Grenadier.

4e Régiment.

5e Régiment.
(Shako couvert.)

6e Régiment.

Hallebardiers.

Grenadier
de la Garde.

Vélite.
1er Rég. (Officier.)

Vélite.
2e Régiment.

Officier
de Marine.
(Royal-Marine).

Musicien
du 3e Régiment
d'infanterie.

Tambour-major
des Grenadiers de la
Garde. (1er.)

Tambour
d'infanterie. 2e Rég.

Marins.

1er Régiment.

2e Régiment.
Musiciens d'infanterie.

3e Régiment.

4e Régiment.

5e Régiment.
Musiciens d'infanterie.

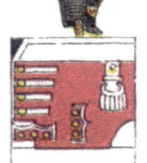
6e Régiment.

TROUPES ALLIÉES. — ROYAUME DE NAPLES.

Gardes d'honneur.

Garde du Corps.

Guide.

Officier des Guides.

Trompette des Guides.

Hussard.

Chevau-légers.

Trompette des Chevau-légers.

Officier des Hussards de la Garde.

Trompette des Chasseurs à cheval.

Hussard de la Garde.

Général.

Officier d'infanterie. 1er Rég. (Petite tenue.)

Chevau-léger.

Officier d'ordonnance du roi.

Chasseur à cheval.

1812.

1812.

Trompette des Hussards de la Garde

Cuirassier.

Trompette des Cuirassiers.

Dragon.

Trompette des Dragons.

Aide de camp.

TROUPES ALLIÉES. — RÉPUBLIQUE BATAVE. (HOLLANDE).

3 JUILLET 1795.

1ère Demi-brigade.   2e. (Grenadier.)   3e.   4e.   5e. (Grenadier.)   6e.

2 MARS 1796.

1ère Demi-brigade.   2e.   3e.   4e.   5e.   6e.

2 MARS 1796.   18 AOUT   19 SEPTEMBRE   20 DECEMBRE
1796.   1796.

7e.   Régts de Waldeck   Rég. de Saxe-Gotha.   3e Demi-brigade.   2e Demi-brigade.   4e Demi-brigade. 1 et 2.   (Grenadier.)

20—21 OCTOBRE 1803

1er Bataillon.   2e.   3e. (Grenadier.)   4e.   5e. (Grenadier.)   6e.

7e.   8e. (Grenadier.)   9e.   10e. (Grenadier.)   11e.   12e.

TROUPES ALLIÉES. — RÉPUBLIQUE BATAVE. (HOLLANDE).

20—21 OCTOBRE 1803.

13e Bataillon.   14e.   15e (Grenadier.)   16e.   17e.   18e.

20—21 OCTOBRE 1803.

19e.   20e.   21e.   Régts de Waldeck. 1 et 2.   Rég. de Saxe-Gotha.   22e Bataillon. (Colonial.)

20—21 OCTOBRE 1803.   4 SEPTEMBRE   9 AOUT 1804.   9 AOUT 1804.   13 JUILLET

22e (Officier.)   23e.   2e Bataillon.   3e.   5e.   6e.

17 JANVIER 1804.   29 JUIN   23 AOÛT 1804.   27 AVRIL   13 JUILLET   5 OCTOBRE 1804.

8e.   10e.   10e.   11e.   12e.   14e.

12 SEPTEMBRE 1804.   31. JUILLET 1804.   21 AVRIL   31 JUILLET 1804. [1]

15e.   17e.   18e.   Tambour des Fusiliers.   Tambour des Grenadiers du 19e Bataillon.   Grenadier.

Les uniformes des autres bataillons n'ayant subi aucune modification, nous n'avons pas cru devoir les reproduire.

Dr. Lienhart et R. Humbert

TROUPES ALLIÉES. — RÉPUBLIQUE BATAVE. (HOLLANDE).

11—14 JUIN 1805.   12 JUILLET 1805.   11—14 JUIN 1805.   30 SEPTEMBRE 1805.

1er — 2e.   3e — 4e.   3e — 4e.   5e — 6e.   7e — 8e.   Tambour-major
1er Rég.

8 JUILLET 1795.

8 JUILLET 1795.

1er Bataillon
de Chasseurs.

2e Bataillon
de Chasseurs.

3e Bataillon
de Chasseurs.

4e Bataillon
de Chasseurs.

11 NOVEMBRE 1805.

11 NOVEMBRE 1805

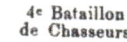

1801.

4e Bataillon
de Chasseurs.

4e Demi-brigade
d'Infanterie de ligne.

1er Régiment
d'Infanterie légère.

2e Régiment
d'Infanterie légère.

1802.

1802.

11—14 JUIN 1805.

1er Bataillon   2e Bataillon   3e Bataillon   4e Bataillon   1er Régiment   2e Régiment
de Chasseurs.   de Chasseurs.   d'Infanterie légère.

48

TROUPES ALLIÉES. — RÉPUBLIQUE BATAVE. (HOLLANDE).

1795.　　　8 FEVRIER 1797.　15 AOUT 1797.　　　1802.

1er Rég.

2e Rég.
Cavalerie.

2e Rég.
Cavalerie.

2e Rég.

1er Rég.
Cavalerie.

2e Rég.

1802.

Dragons légers.
1er Rég.

Dragons légers.
2e Rég.

1795.

Dragons.

1804

Dragons légers.
1er Rég. Petite tenue.

Dragons légers.
2e Rég. Petite tenue.

1802.

Dragons.

Dragon léger.
2e Régiment. 1804.

Dragon 1802.
Tenue d'écurie.

Grosse Cavalerie.
1er Régiment. 1802.

Dragon 1802.
Tenue d'écurie.
(d'aprés le Bourgeois de Hambourg).

1795.　　　1795.　　　　　1796.　　　　1800.　　　　1802.

Hussards.　Artillerie à pied.　Artillerie à cheval.　Artillerie à cheval.　Train.
Directeurs et
sous-directeurs.　Artillerie à cheval.

TROUPES ALLIÉES. — RÉPUBLIQUE BATAVE. (HOLLANDE).

1802.   1804—1806.   1804.   1805.

Artillerie à pied.   Artillerie à cheval.   Artillerie à cheval.   Artillerie à pied.   Artillerie à cheval.   Artillerie à pied.
                                            Trompette.   Petite tenue.   Officier.

1802.   1802.   1805.

Artillerie à cheval.   Pontouniers.   Genie.   Ingénieurs.   Genie.   Gendarmerie.
Officier.

1804.   1er DECEMBRE 1804.   1804   1804.

Ingénieurs.   Ingénieurs.   Ingénieur   Etat-major.   Etat-major.   Etat-major.
Tenue de campagne.   ordinaire.   (Adjudant commt)   Petite tenue.

1795   1804.   1804.

Chirurgien.   Elève-chirurgien.   Premier chirurgien.   Chirurgien.   Aide-chirurgien.   Elève-chirurgien.

1804   1804.   GARDE DU PRESIDENT 1805

Commissaire   Commissaire-   Commissaire   Dragons.   Trompette.   Officier.
des guerres.   inspecteur.   des guerres.   Dragon.
                            Petite tenue.

Dr. Lienhart et R. Humbert

TROUPES ALLIÉES. — RÉPUBLIQUE BATAVE. (HOLLANDE).

GARDE DU PRESIDENT 1805

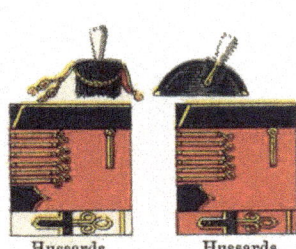
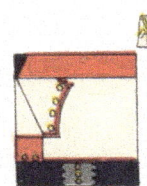
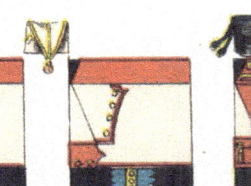

Hussards.   Hussards. Trompette.   Dragons. Tenue d'écurie.   Hussards.   Infanterie légère.   Artillerie.

GARDE DU PRÉSIDENT 1805.

GARDE NATIONALE.

Grenadier.
Garde du Président.

Grenadier. 1795.

Basques d'habit de Grenadier.

Basques d'habit pour Bataillons Nos 1 à 9.

Basques d'habit de Fusilier.

Garde du Président.
Grenadier à cheval 1805.

Garde nationale.
Grenadier 1795.

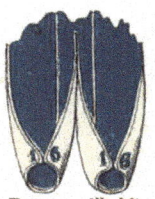

Basques d'habit pour Bataillons Nos 10 à 21.

GARDE NATIONALE.

GARDE NATIONALE.

Chasseur. 1795.   Artilleur. 1795.   Grenadier. 1799.   Chasseur. 1799.   Artilleur. 1799.   Officier de Chasseurs. 1796.

51

TROUPES ALLIÉES. — ROYAUME DE HOLLANDE.

INFANTERIE 1806.

2e Rég. Fusilier.   3e Rég. Voltigeur.   4e Rég. Grenadier.   5e Rég. Officier.   6e Rég. Fusilier.   7e Rég. Fusilier.

8e Rég. Grenadier.

9e Rég. Fusilier.

9e Rég. Grenadier en shako.
25 Octobre 1806.

9e Rég. Tambour.

Tambour-major.   Grenadier.
7e Régiment.   9e Régiment.

2e Rég. Voltigeur.
1 Mars 1807.

1 MARS 1807.   1 MARS 1807.

3e Rég. Voltigeur.
1 Mars 1807.

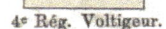  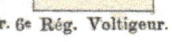

4e Rég. Voltigeur.   5e Rég. Voltigeur.   6e Rég. Voltigeur.   7e Rég. Voligeur.   8e Rég. Voltigeur.   9e Rég. Voltigeur.

TROUPES ALLIÉES. — ROYAUME DE HOLLANDE.

2 JANVIER 1809.   20 AOUT 1809. 4 NOVEMBRE.

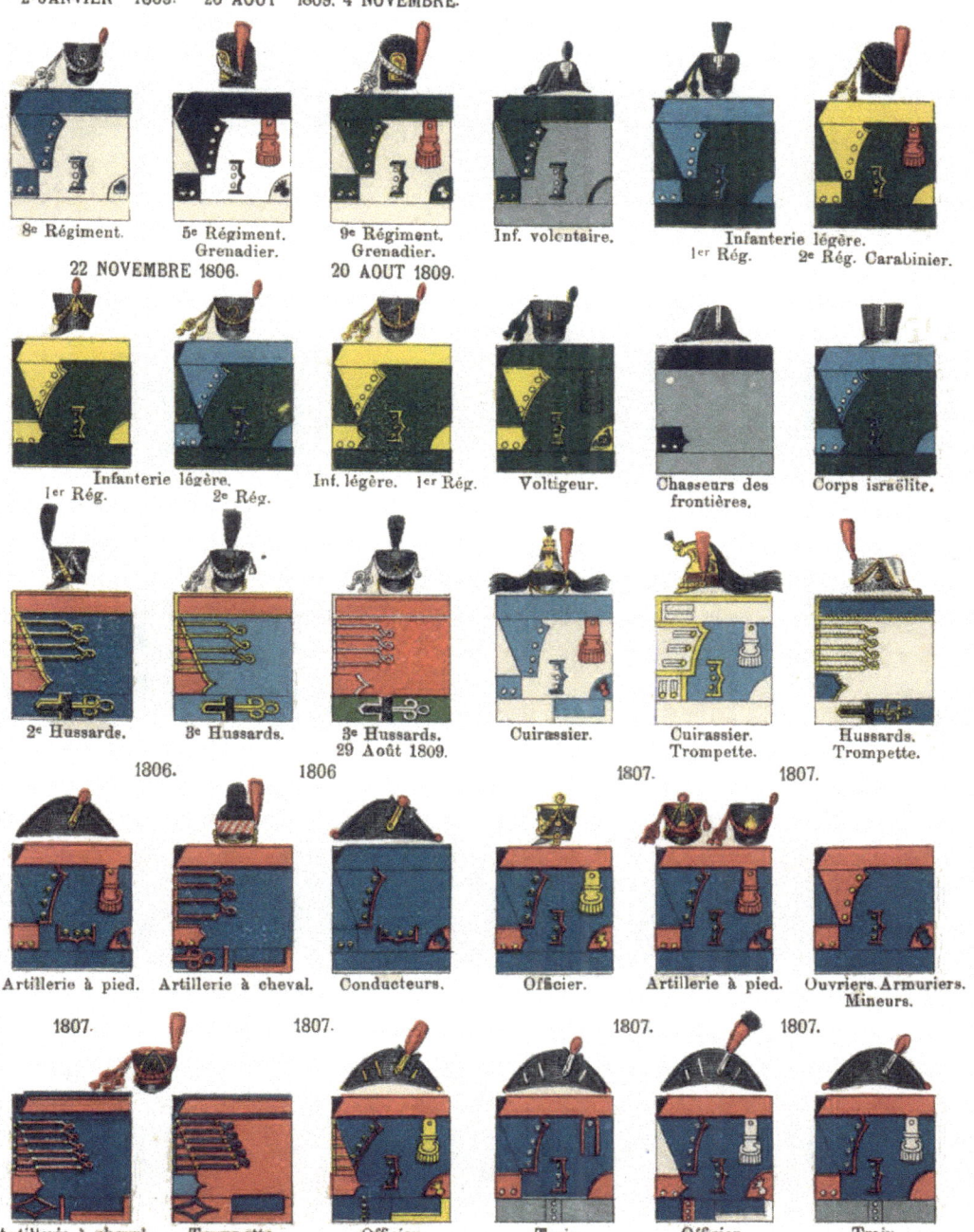

8e Régiment.

5e Régiment.
Grenadier.

9e Régiment.
Grenadier.

Inf. volontaire.

Infanterie légère.
1er Rég.   2e Rég. Carabinier.

22 NOVEMBRE 1806.   20 AOUT 1809.

Infanterie légère.
1er Rég.   2e Rég.

Inf. légère.   1er Rég.

Voltigeur.

Chasseurs des
frontières.

Corps israëlite.

2e Hussards.

3e Hussards.

3e Hussards.
29 Août 1809.

Cuirassier.

Cuirassier.
Trompette.

Hussards.
Trompette.

1806.   1806   1807.   1807.

Artillerie à pied.   Artillerie à cheval.   Conducteurs.   Officier.   Artillerie à pied.   Ouvriers.Armuriers.
Mineurs.

1807.   1807.   1807.   1807.

Artillerie à cheval.   Trompette.   Officier.   Train.   Officier.   Train.

53

TROUPES ALLIÉES. — ROYAUME DE HOLLANDE.

AVRIL-AOUT 1809. 1806. 1807. 1807.

Magasiniers. Conducteurs. Maîtres. Artificiers. Train. Dépôts de Recrutement. Commandant de place. 1er classe.

1807. 1807. 1806. OCTOBRE 1806.

2e classe. Commandant de place. 3e classe. 4e classe. Portier consigne. Gendarmerie.

1807. 1806. 1807. DECEMBRE 1807.

Gendarmerie. Gendarmerie à pied. Corps de santé. Chirurgiens. Médecins. Vétérans d'infanterie.

1807. 1806. 1809. 1809. 13 JUILLET 1809.

Vétérans d'artillerie. Ouvrier vétéran. Pupilles. Pupilles. Bataillon d'Utrecht. Légions de Vélites.

13 JUILLET 1809. 20 AOUT 1809.

1ère Cie. 2e Cie. 3e Cie. 4e Cie 5 5e Cie. 5e Cie.

Compagnies de Vélites.

TROUPES ALLIÉES. — ROYAUME DE HOLLANDE.

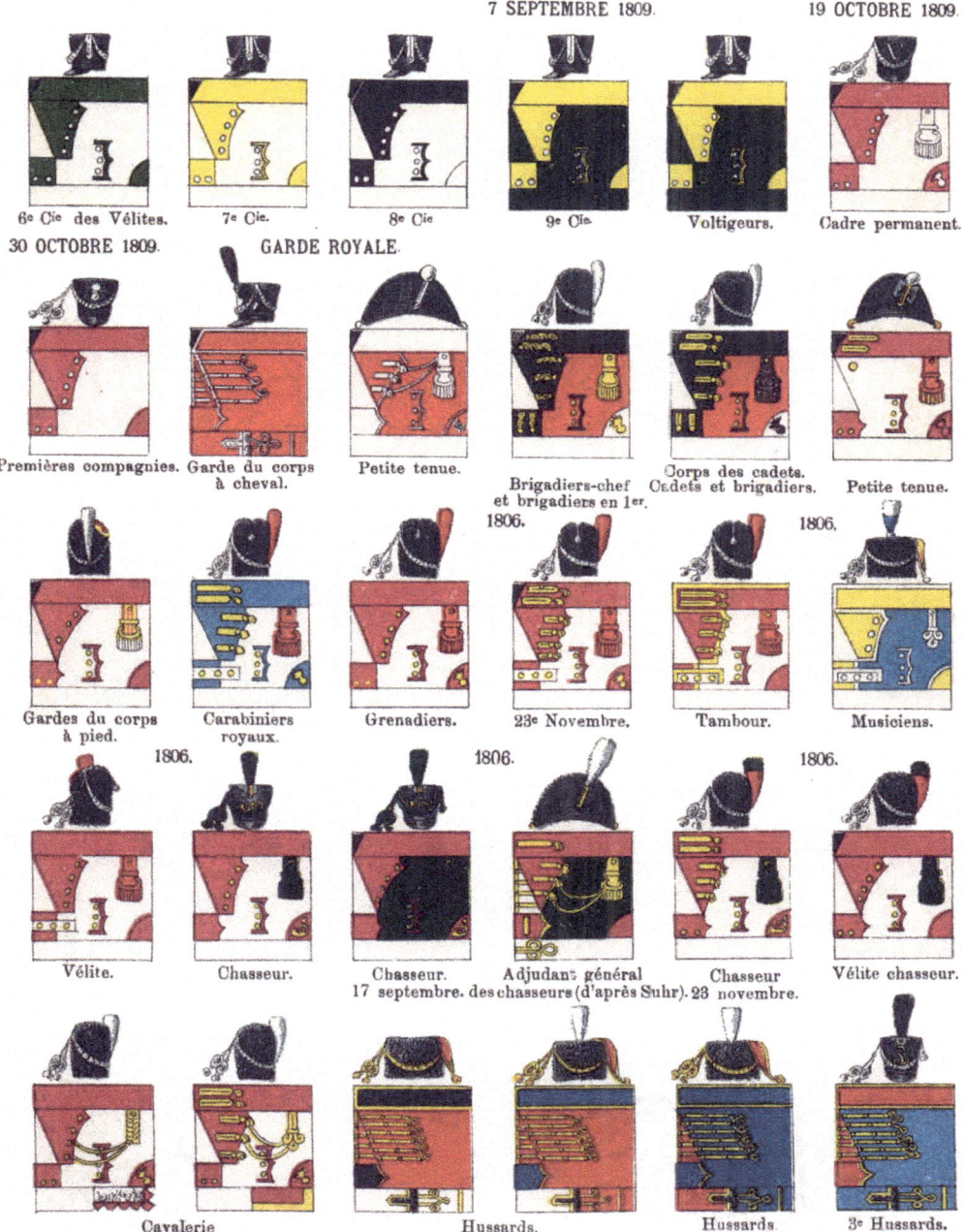

7 SEPTEMBRE 1809.   19 OCTOBRE 1809.

6e Cie des Vélites.   7e Cie.   8e Cie   9e Cie.   Voltigeurs.   Cadre permanent.

30 OCTOBRE 1809.   GARDE ROYALE.

Premières compagnies.   Garde du corps à cheval.   Petite tenue.   Brigadiers-chef et brigadiers en 1er. 1806.   Corps des cadets. Cadets et brigadiers.   Petite tenue.

Gardes du corps à pied.   Carabiniers royaux.   Grenadiers.   23e Novembre.   Tambour.   Musiciens.

1806.   1806.   1806.

Vélite.   Chasseur.   Chasseur. 17 septembre.   Adjudant général des chasseurs (d'après Suhr).   Chasseur 23 novembre.   Vélite chasseur.

Cavalerie 17 septembre 1806. 1 mars 1807.   Hussards. 1806.   Hussards. 1806—1807.   Hussards. 1er mars 1807.   3e Hussards. 29 avril 1809.

TROUPES ALLIÉES. — ROYAUME DE HOLLANDE.

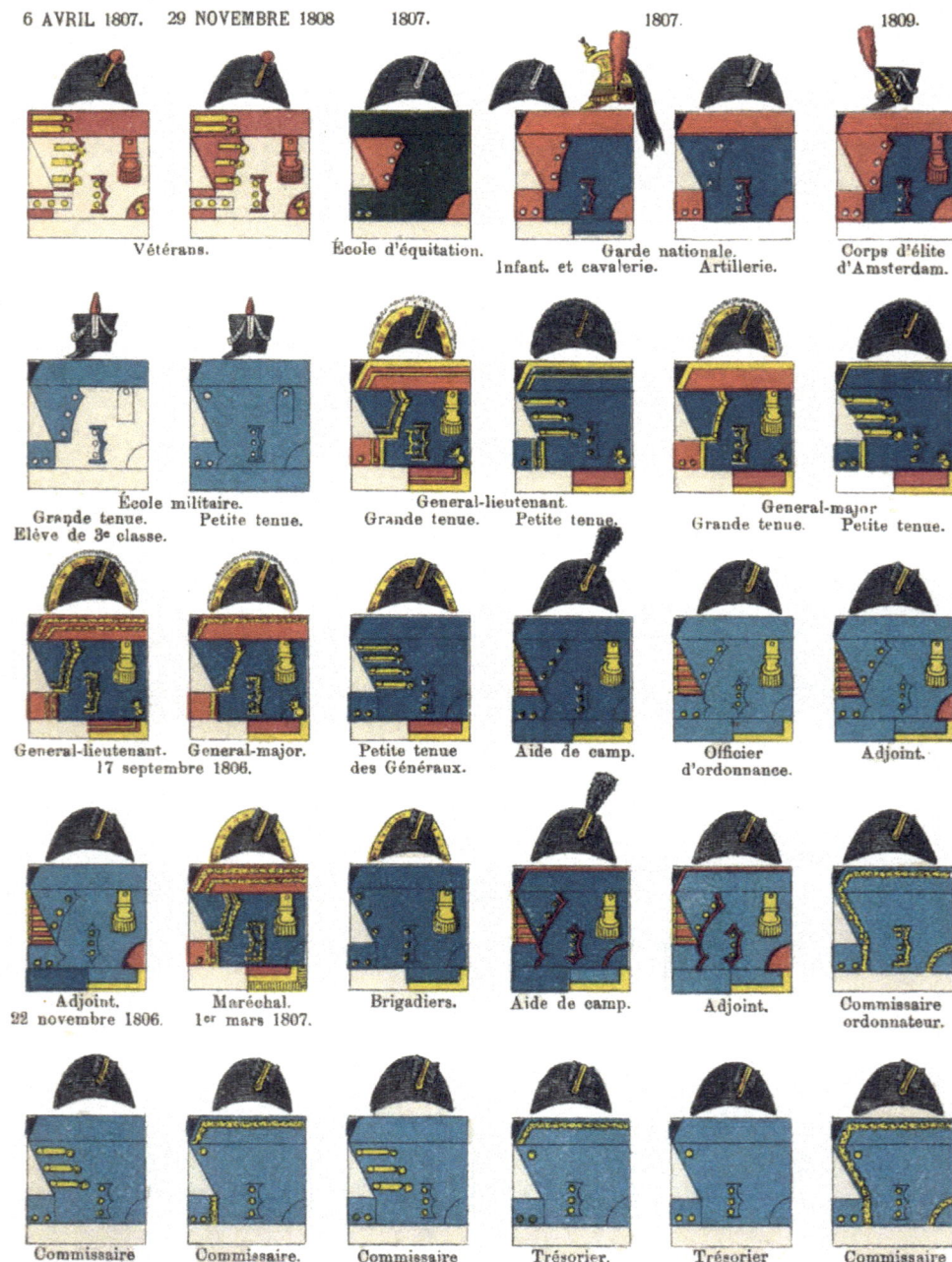

6 AVRIL 1807.   29 NOVEMBRE 1808   1807.   1807.   1809.

Vétérans.   École d'équitation.   Garde nationale.   Corps d'élite
                                            Infant. et cavalerie.   Artillerie.   d'Amsterdam.

École militaire.   General-lieutenant.   General-major
Grande tenue.   Petite tenue.   Grande tenue.   Petite tenue.   Grande tenue.   Petite tenue.
Elève de 3e classe.

General-lieutenant.   General-major.   Petite tenue   Aide de camp.   Officier   Adjoint.
17 septembre 1806.   des Généraux.   d'ordonnance.

Adjoint.   Maréchal.   Brigadiers.   Aide de camp.   Adjoint.   Commissaire
22 novembre 1806.   1er mars 1807.   ordonnateur.

Commissaire   Commissaire   Commissaire   Trésorier.   Trésorier   Commissaire
inspecteur.   Petite tenue.   des guerres.   adjoint.   ordonnateur.
              1er mars 1807.   Grande tenue.

TROUPES ALLIÉES. — ESPAGNE. DIVISION DE LA ROMANA.

Flamme de
bonnet de
Tambour du
Régt de Zamora.

Régiment de la Princesse.
Ancien uniforme.
Fusilier.   Grenadier.

Régiment de la Princesse.
Nouvel uniforme.
Fusilier.   Grenadier.
(sous-officier.)

Flamme
de bonnet
de Grenadier
du Régt de
Zamora.

Régt de la Princesse.
Musicien.

Régt de Zamora.
Tambour.

Régt de Zamora.
Musicien.

Régt de Guadalajara.
Fusilier. Petite tenue.

Régiment de Zamora.
Grenadier,   Saneur.
tenue d'exercice.

Régt de Guadalajara.
Grenadier.
Petite tenue.

Régt de Guadalajara.
Fusilier.
Petite tenue.

Régt de Zamora.
Tambour-major.

Régiment de Guadalajara.
Fusilier.   Grenadier.

Régiment des Asturies.
Fusilier.   Grenadier.

Régiment de Zamora.
Fusilier.   Grenadier

TROUPES ALLIÉES. — ESPAGNE. DIVISION DE LA ROMANA.

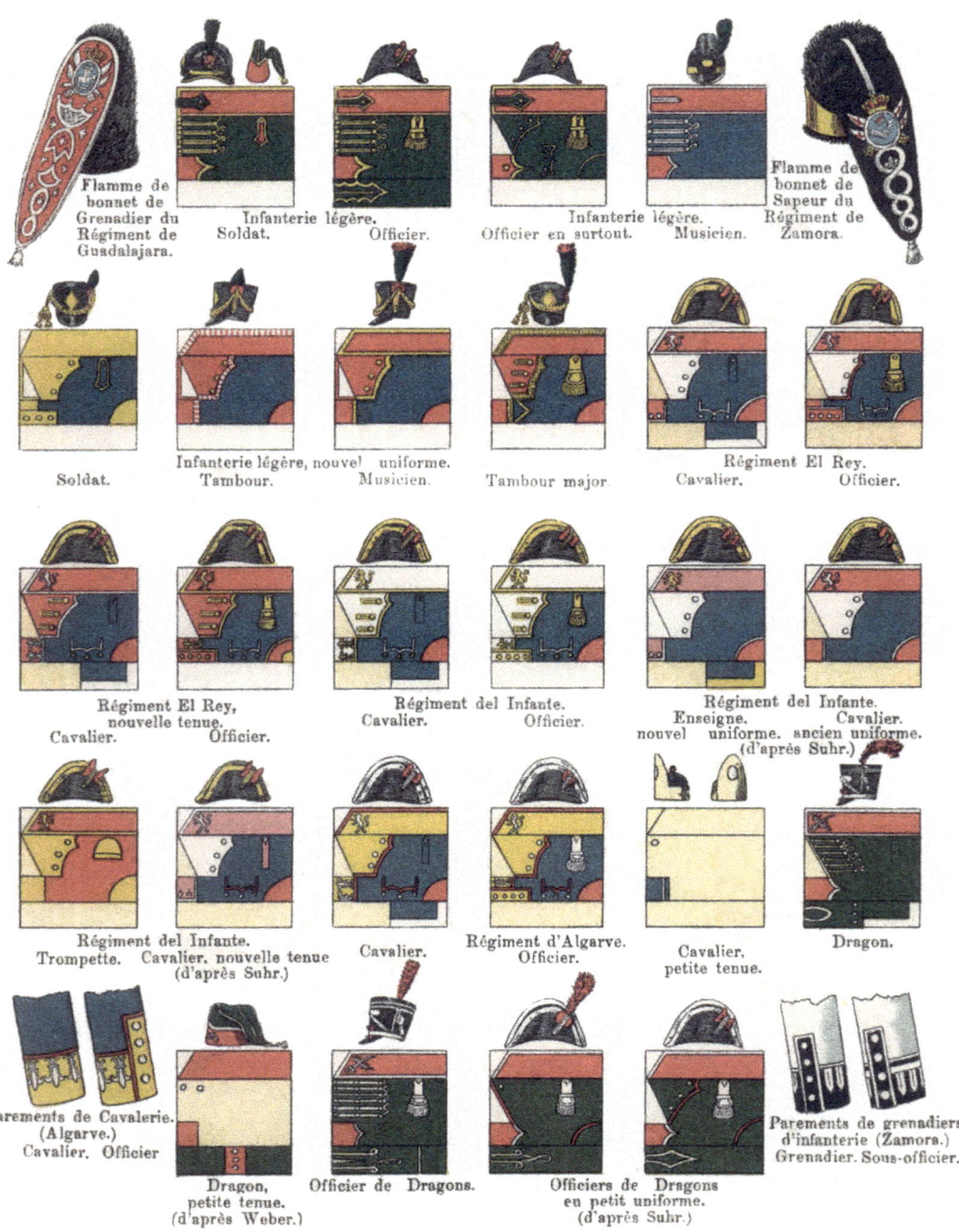

Flamme de bonnet de Grenadier du Régiment de Guadalajara.

Infanterie légère. Soldat.

Officier.

Infanterie légère. Officier en surtout.

Musicien.

Flamme de bonnet de Sapeur du Régiment de Zamora.

Soldat.

Infanterie légère, nouvel uniforme. Tambour.

Musicien.

Tambour major.

Régiment El Rey. Cavalier.

Officier.

Régiment El Rey, nouvelle tenue. Cavalier.

Officier.

Régiment del Infante. Cavalier.

Officier.

Régiment del Infante. Enseigne, nouvel uniforme.

Cavalier. ancien uniforme. (d'après Suhr.)

Régiment del Infante. Trompette.

Cavalier, nouvelle tenue (d'après Suhr.)

Cavalier.

Régiment d'Algarve. Officier.

Cavalier, petite tenue.

Dragon.

Parements de Cavalerie. (Algarve.) Cavalier. Officier

Dragon, petite tenue. (d'après Weber.)

Officier de Dragons.

Officiers de Dragons en petit uniforme. (d'après Suhr.)

Parements de grenadiers d'infanterie (Zamora.) Grenadier. Sous-officier.

TROUPES ALLIÉES. — ESPAGNE. DIVISION DE LA ROMANA.

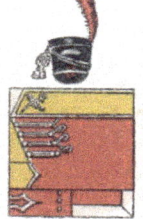

Trompette de Dragons.
Veste et pantalon
de cheval.

Artillerie.
Officier.

Artillerie.
Officier.
(d'après Suhr.)

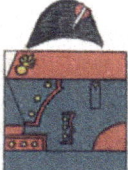

Artillerie.
Soldat.

Petite tenue.

Officier de
Sapeurs.

Sapeur.

Officier du Génie.
(d'après Weber.)

Officier du Génie.
(d'après Suhr.)

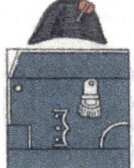

Officier du Génie.
Petite tenue.

Tambour de Sapeurs.

Collet de Sapeur.

Collet du Régt
de la Princesse
(ancien uniforme.)

Régt Joseph Napoléon. Aide de camp.

Collet de Cavalerie.
(Algarve.)

Collet de Dragon.

Flamme de
bonnet de
Grenadier
du Régt de la
Princesse
(ancien uniforme).

Casque de sapeur et de
l'infanterie légère

Sabre de l'artillerie et
des sapeurs.

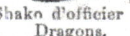

Shako d'officier de
Dragons.

Flamme de
bonnet de
Grenadier du
Régt de la
Princesse
(nouvel uniforme.)

Bonnet de police du
Régt des Asturies.

Shako de Dragon.

Bonnet de police
d'artillerie.

Bonnet des police
de Grenadier du
Régt de Guadalajara.

Bonnet de police
de Dragon.

Régiment des Asturies.
Plaque de bonnet de Sapeur.

Bonnet de police du
Régt d'Algarve.

Bonnet de police de
Grenadier du
Régt de Zamora.

TROUPES ALLIÉES. — ESPAGNE. 1806—1808.

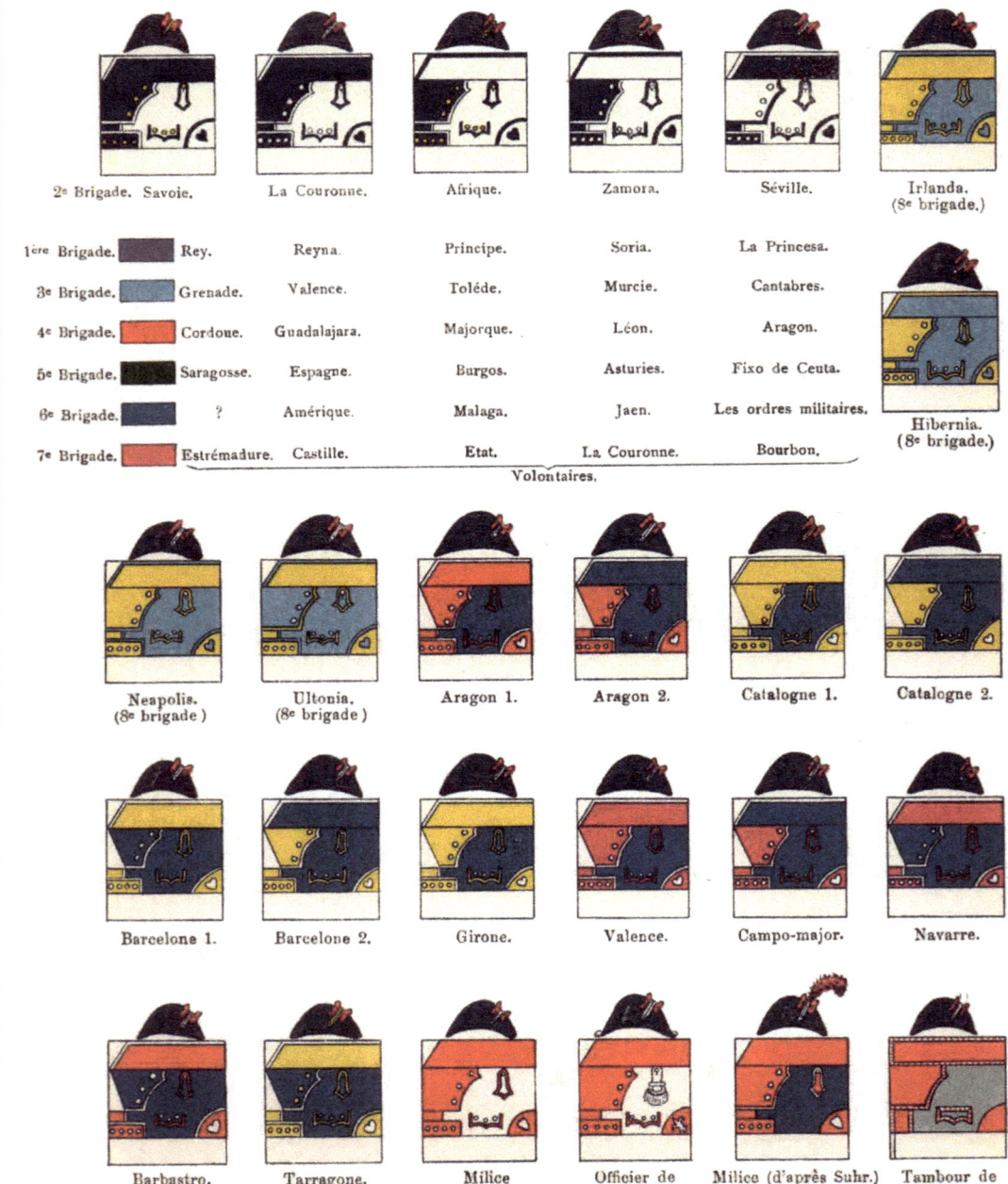

| 2ᵉ Brigade. Savoie. | La Couronne. | Afrique. | Zamora. | Séville. | Irlanda. (8ᵉ brigade.) |

1ère Brigade.	Rey.	Reyna.	Principe.	Soria.	La Princesa.
3ᵉ Brigade.	Grenade.	Valence.	Toléde.	Murcie.	Cantabres.
4ᵉ Brigade.	Cordoue.	Guadalajara.	Majorque.	Léon.	Aragon.
5ᵉ Brigade.	Saragosse.	Espagne.	Burgos.	Asturies.	Fixo de Ceuta.
6ᵉ Brigade.	?	Amérique.	Malaga.	Jaen.	Les ordres militaires.
7ᵉ Brigade.	Estrémadure.	Castille.	Etat.	La Couronne.	Bourbon.

Hibernia. (8ᵉ brigade.)

Volontaires.

| Neapolis. (8ᵉ brigade) | Ultonia. (8ᵉ brigade) | Aragon 1. | Aragon 2. | Catalogne 1. | Catalogne 2. |

| Barcelone 1. | Barcelone 2. | Girone. | Valence. | Campo-major. | Navarre. |

| Barbastro. | Tarragone. | Milice | Officier de milice. | Milice (d'après Suhr.) | Tambour de milice (d'après Suhr.) |

TROUPES ALLIÉES. — ESPAGNE.
CAVALERIE.

 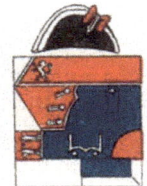   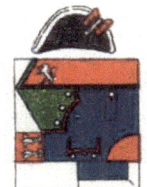 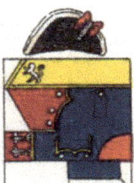

Rég. de la Reine. Rég. du Prince. Rég. Bourbon. Rég. Farnèse. Rég. Alcantara. Rég. Espagne.

Rég. Calatrava.

Rég. Santiago.

Rég. Montess.

Hussards.
Rég. Marie Louise.

Hussards.
Rég. d'Espagne.

Hussard du Rég. d'Espagne (en pelisse).

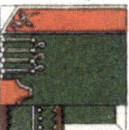

Chasseurs.
Rég. Olivencia.

DRAGONS.

Chasseurs
volontaires

Rég. du Roi. Rég. de la Reine. Rég. d'Almansa. Rég. de Pavie. Rég. de Villa Viciosa.

TROUPES ALLIÉES. — ESPAGNE.

DRAGONS.

    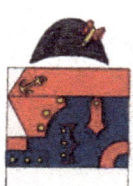 

Rég. de Sagonte.   Rég. de Numance.   Rég. de Lusitanie.   1er Dragons. (Trompette.)   Infanterie de Marine. Officier.

  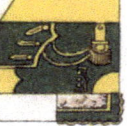 

Garde royale. Grenadier.   Fusiliers.   Voltigeurs.   Garde royale. Chevau-légers.   Garde royale. Officier.   Garde royale. Trompette.

Hussards.   Artillerie à pied.   Artillerie à cheval.   Train.   Gendarmerie d'élite.   Infanterie de ligne. 1er Régiment.

INFANTERIE DE LIGNE.

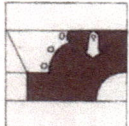 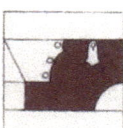 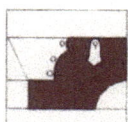  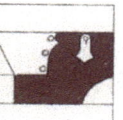 

2e Régiment.   3e Régiment.   4e Régiment.   5e Régiment.   6e Régiment.   7e Régiment.

CAVALERIE.

Infanterie légère.   Royal étranger.   Royal irlandais.   1er Régiment.   2e Régiment.   3e Régiment.

TROUPES ALLIÉES. — ESPAGNE.

CAVALERIE.

4e Régiment.

5e Régiment.

6e Régiment.

Trompette.
1er Régiment.

Lancier.

Officier de Lanciers.

Trompette de Lanciers.

Trompette de Chevau-légers
de la Garde royale.

Grenadier de la
Garde royale.

Gendarmerie.

Artillerie.

Sapeurs.

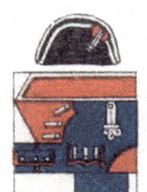
Corps du Génie.

Milices.

Chasseurs de
Montagnes.

Hussards
de Guadalajara.

Tome V.

Pl. 71.

POLOGNE. — TROUPES POLONAISES AU SERVICE FRANÇAIS.

Légion du Nord.
Grenadier
1806.

Légion de la
Rég. No. 1.
1808.

Vistule.
Rég. No. 2.
1809.

CHEVAU-LÉGERS
DE LA GARDE.

Officier du
1er Régiment. 1807.

Officier.
Tenue de service.

Officier.
Tenue de ville.

CHEVAU-LÉGERS
DE LA GARDE.

Officier.
Petite tenue.

Officier en frac.

Cavalier.

Légion de la Vistule.
2e Régiment.

Légion du Nord.
Grenadier.

LÉGION DE LA VISTULE.

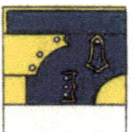

1er Régiment.

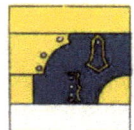

2e Régiment.

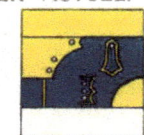

3e Régiment.

4e Régiment.

TROUPES ALLIÉES. — POLOGNE.

Tenue de campagne.
Sous-officier.

Trompette.

Maître-ouvrier.

Chevau-légers.

3e Régiment.
Cavalier.

3e Régiment.
Trompette.

Chevau-légers.

4e Régiment.
(selon H. Malibran.
d'après Vernet.)
Chevau-légers.

Général de division.

Général de brigade.

Aide-de-camp.

3e Chevau-légers.
Trompette.
1810.

Vétéran.
1812.

Gendarmerie.

Train.

Vétéran.

Artillerie à pied.

Artillerie à cheval.

Officier en frac.

Génie.

Garde nationale.
(Grenadier.)

TROUPES ALLIÉES. — POLOGNE.

  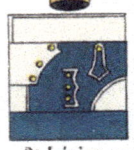   

1ère Légion. 1807.　2e Légion. 1807.　3e Légion. 1807.　Officier en frac. 1ère légion.　Officier en frac. 2e légion.　Officier en frac. 3e légion.

    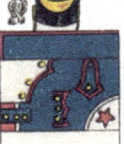 

Lanciers de la 1ère légion.　Lanciers de la 2e légion.　Lanciers de la 3e légion.　Officier de Grenadiers. 1810.　Soldat. 1810.　Voltigeur. 1810.

     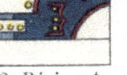  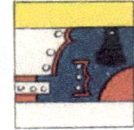 

Grenadier.　1er Régiment.　1er Régiment. Tambour-major.　2e Régiment　3e Régiment Voltigeur.　4e Régiment 1807—12. Voltigeur.

      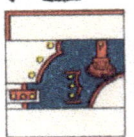    

4e Régiment 1812. Fusilier.　5e Régiment 1810 Grenadier.　Tambour-major.　Tambour de Grenadiers.　6e Régiment Grenadier.　7e Régiment. Grenadier.

Régiment 1812. Fusilier.　9e Régiment 1812. Fusilier.　9e Régiment.　10e Régiment. Voltigeur.　12e Régiment. Fusilier.　12e Régiment. Voltigeur.

TROUPES ALLIÉES. — POLOGNE.

13e Régiment. Grenadier.

13e Régiment. Sapeur.

13e Régiment. Tambour-major.

15e Régiment.

17e Régiment.

Guides. Trompette. Grande tenue.

Guides Trompette. Tenue de service.

Guides. Tenue de service.

1er Chasseurs.

2e Lanciers.

3e Lanciers.

4e Chasseurs. Officier.

5e Chasseurs. Officier.

5e Chasseurs. Cie d'élite.

5e Chasseurs. Trompette.

6e Lanciers. (Shapska couvert.)

6e Lanciers.

7 Lanciers. (Shapska couvert)

7e Lanciers.

8e Lanciers.

9e Lanciers.

9e Lanciers. Cie d'élite.

9e Lanciers. Trompette.

10e Hussards. Officier.

10e Hussards.

11e Lanciers.

11e Lanciers.

13e Hussards.

13e Hussards.

TROUPES ALLIÉES. — POLOGNE.

14e Cuirassiers. 14e Cuirassiers. Trompette. 14e Cuirassiers. Trompette. 12e, 15e, 16e Lanciers. 17e Lanciers. 17e Lanciers.

17e, 18e (?) Lanciers.

19e Lanciers.

20e Lanciers.

Officier de Chasseurs à cheval. 1er Régiment.

Cavalier. (Lancier.) 9e Régiment.

Cosaque.

Cosaque.

Pontonniers.

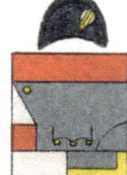

Ouvriers. Chirurgien. Médecin. Pharmacien. Commissaire des guerres. Inspecteur aux revues.

CORPS AUXILIAIRE PRUSSIEN.

1812.

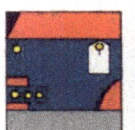   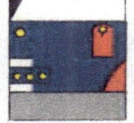 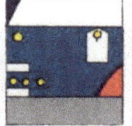 

1er Régiment.   2e Régiment.   3e Régiment.   4e Régiment.   Rég. de Colberg.   Rég. de Poméranie.   Leib-Régiment.
de la Prusse orientale.   de la Prusse orientale.

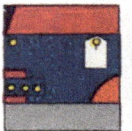 

1er Régiment.   2e Régiment.
de la Prusse occidentale.

1er Régiment.   2e Régiment.
de Leib-Hussards.

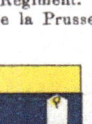 

1er Régiment.   2e Régiment.
de Silésie.

1er Régiment.   2e Régiment.
de Hussards de Silésie.

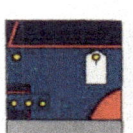 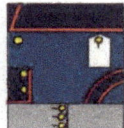

Artillerie à pied. Artillerie à cheval.

2e Rég. de Silésie. Uhlans de Brandebourg.

 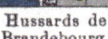 

Hussards de   Hussards de
Brandebourg.   Poméranie.

 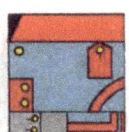 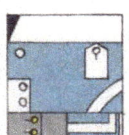 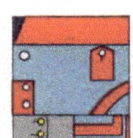 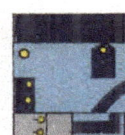  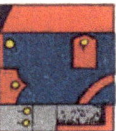

Bataillon   Dragons de   1er Régiment.   2e Régiment.   Dragons de   Uhlans de   Uhlans de
des Chasseurs   Lithuanie.   de Dragons de la Prusse occidentale.   Brandebourg.   Brandebourg.   Silésie.
de la Prusse
orientale.

Shako de   Shako de   Shako de   Shako   Shako du Corps
Grenadier.   Mousquetaire.   Fusilier.   d'officier.   auxiliaire, avec
la coiffe à cocarde.

Pl. 77.

CORPS AUXILIAIRE AUTRICHIEN.

1812.

Hussards de
l'Empereur No. 1.

Hussards de
Hesse-Hombourg
No. 4.

Hussards de
Blankenstein
No. 6.

Hussards de
Kienmayer
No. 8.

Chasseurs à pied.

Croates.
(Warasdin — Kreutzer).

Dragons de l'
Archiduc Jean No. 4.

Rég. Czartorisky
No. 9.

Chevaulégers de
Hohenzollern No. 2.

Rég. de Ligne
No. 30.

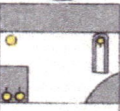

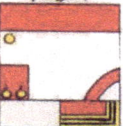
Chevaulégers
O'Reilly No. 3.

Rég. Kottulinski
No. 41.

Rég. Hiller
No. 2.

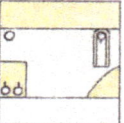
Rég. Kottulinski
No. 41.

Rég. Hiller
No. 2.

Rég. Alvinzy
No. 19.

Rég. Colloredo-Mansfeld.
No. 33.

Rég. Davidovich
No. 34.

Rég. Duca.
No 39.

Rég. Simbschen.
No. 48.

Dr. Lienhart et R. Humbert.

CORPS AUXILIAIRE DANOIS.

1812—1813.

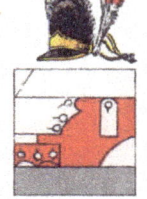

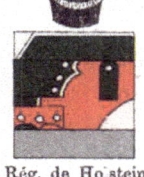

Rég. de la Reine.   Rég. de Schleswig.   Rég.d'Oldembourg.   Rég. de Ho.stein.   Rég. de Fionie.   Infanterie
                            Officier.   1813.   légère.

Chasseurs.

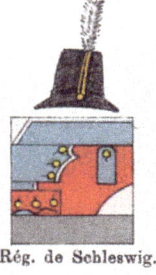

Dragons de Jutland.

Chasseurs 1810.

Holstein-Cavalerie.

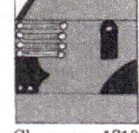

Hussards.

Officier du   Grenadier du   Dragon de Jutland.
Régiment de Fionie.   Rég. de Fionie.

Artillerie.

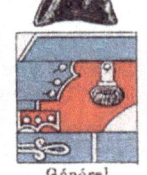
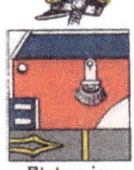

Artillerie à cheval.   Indeudance.   Guide.   Général.   Etat-major.   Génie.
    Officier.   Officier.

ARMÉE DE CONDÉ.

Chevaliers de la couronne.

Dauphin-cavalerie.

Hussards de Salm ou de Baschy.

Légion de Mirabeau. Infanterie.

Rég. d'Hohenlohe-Bartenstein. Officier.

Hussards (Tolpacks.)

Rég. d'Hohenlohe-Schillingsfürst.

Infanterie noble.

Cavalerie noble.

Cavaliers de la Prévôté.

Compagnie suisse.

Rég. de Bardonnanche. Infanterie.

Rég. de Roquefeuille. Infanterie.

Rég. d'Etienne de Damas.

Rég. de Montesson. Infanterie.

d'Ecquerilly. (grosse cavalerie).

Astorg. Clermont.

Chasseurs d'Astorg. Dragons de Clermont-Tonnerre.

Chasseurs de Noinville.

Hussards de Carneville. 1794.

Dragons de Farques.

Rég. de Berry. (Cavalerie) 1797.

Rég. de Condé. (Infanterie.) 1797.

Grenadiers de Bourbon. Fusiliers d'Hohenlohe. 1797.

Dragons d'Enghien. 1797.

Rég. de Bourbon. 1801.

Rég. de Durand. 1801.

Artillerie 1801.

Artillerie 1792.

Genie 1792.

Légion de Maillebois.

ARMÉE DE CONDÉ.
EMIGRÉS FRANÇAIS AU SERVICE ANGLAIS.

Béthisy. Laval. Castries. Mortemart. Vioménil. Antichamp. Broglie grenadiers. Houd.

Waldstein. Latour. Loyal-Emigrant. Hompesch chasseurs. Hompesch hussards. Hardy chasseurs.

York chasseurs. Löwenstein. Pioniers. Choiseul hussards. Choiseul artillerie. Uhlans britanniques.

Damas infanterie. Damas chasseurs. Damas hussards. Périgord. Rohan infanterie. Rohan hussards No. 1.

Rohan hussards No. 2. Rohan artillerie. Salm hussards. Salm artillerie. Béon infanterie. Béon hussards.

GARDE NATIONALE.

1789.

1789.

1790.

19 JUILLET 1790.

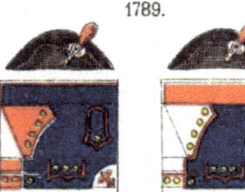
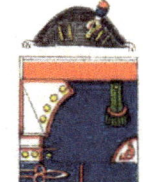
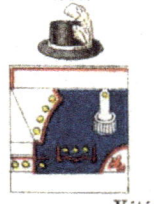

Chasseurs des barrières.

Vétérans.

14 OCTOBRE 1791.

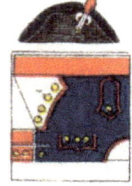

14 OCTOBRE 1791.

Canonnier.

18 MARS 1792.

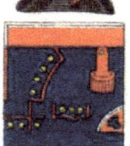

Canonniers et Sapeurs.

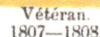

Vétéran. 1807—1808.

Tambour-major. 1789.

Chasseur des barrières. 1789—1790.

1806.

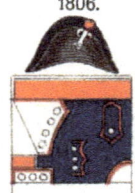

(Cohortes.)

1812.

(Cohortes.) Infanterie.

1812.

Artillerie.

1789—1792.

1792—1793.

FRIMAIRE AN III.

AN III.

24 THERMIDOR AN V.

Garde nationale à cheval.

Vétérans.

Vétérans.

Cavalerie.

Dragons.

GARDE NATIONALE.

1816.   1816.   1816.

Grenadier.   Chasseur.   Fusilier.   Garde à cheval.   Artillerie.
Départements.   Paris.

1846.   1868.

Grenadier.   Garde mobile.

1852.   1868.

Infanterie.   Artillerie.

1852.   1848.

Garde nationale à cheval.   Officier des Gardes marine.
1848.   1848.

Cavalerie.   Garde mobile.

1848.   1848.   1848.   1831.

Garde mobile.   Gardes marine   Artillerie.   Garde à cheval.   Grenadier.
à cheval.   Soldat.   Officier.

GARDE NATIONALE. 1816.

Pl. 4.

Shako arrondi avec
chenille.

Chapeau rondretroussé avec et sans chenille.

Shako,

face.   profil.

Contre-épaulette
de cavalerie.

Plaque de
bonnet de
grenadier.

Plaque
de giberne
de chasseur.

Plaque de
giberne de
grenadier.

Plaque pour
bonnet de
sous-officier.

Casque
pour Garde à cheval
(Province.)

Epaulettes.
Inspecteur   Inspecteur
général. .   de département.

Epaulettes.
Colonel chef   Chef de
d'état-major. —   légion.
Commandant
d'arrondissement.

Chef de
bataillon.

Epaulettes.
Capitaine.

Capitaine
en second.

Lieutenant
en premier.

Lieutenant
en second.

Sous-
lieutenant.

Epaulettes.
Sous-officier
de grenadiers.

Sous-officier
de
chasseurs.

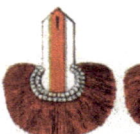

Caporal de
grenadiers.

Caporal
de chasseurs.

Chef de
bataillon
et capitaine.

Contre-épaulettes.
Capitaine
en
second.

Lieutenant
en
premier.

Lieutenant
en
second.

Sous-
lieutenant

Grenadier.

Chasseur.

GARDE NATIONALE.

Garde rurale.
1831.

Giberne de garde
à cheval.
1816.

Garde rurale.
1832.

Giberne de garde
à cheval.
1816.

Garde rurale.
1848.

Chasseur.
1830.

Poitrail.
1816.

Casque de la Garde
à cheval de
Paris. 1816.

Poitrail.
1816.

Grenadier.
1830.

Epée. 1816.

Collet et poignet
de Garde rurale.
1830.

Kepi de
Garde rurale.
1848.

Collet et poignet
de Garde rurale.
1832.—1848.

Sabre d'infanterie Sabre de
et dragonne de cavalerie.
sous-officier de chasseurs. 1816.
1816.

Ornement
de schabraque
pour Garde à
cheval de province.
1816.

Ornement
de schabraque
pour Garde à
cheval de Paris.
1816.

Equipage de cheval pour officiers généraux.
1816.

Giberne de la Garde
à cheval de Paris. 1816.

GARDE NATIONALE.

1790—1791.

1790—1791.   AN III.   1790.   1792.   1815—1830.

Vétérans.   Officier.   Officier.

1815.   1815.   1815.

1815.   1816.   1825   1825   1828.

Officiers généraux.

1816.   1816.

Aides de camp.   État-major.   Plaque.

Dr. Lienhart et R. Humbert.

78

GARDE NATIONALE.

Pl. 7.

1805.

1806.

1831.

Chasseurs.

1830.

1831.

Voltigeurs. Grenadiers.

1831.

Officier de grenadiers. Grenadiers.

1830—46.

1848.

1830.

1846.

1848

1848

1852.

1825.

Plaque.

1868.

Infanterie. Artillerie.

1870.

Paris. Strasbourg.

1870.

1870—71.

GARDE NATIONALE.

1805.   1806—1812.   1816.   1822.

Artillerie.   Chirurgiens.

1870.   1870.

1870.   1870.

 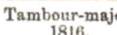 

1870.   1870.

Tambour-major. 1816.   Tambour-major. 1846.

1870.   1816.   1831—46.   1852.   1816.   1846 et 1852.

Cavalerie.   Cavalerie.
Profil des boutons.

Dr. Lienhart et R. Humbert.

GARDE NATIONALE — GARDE D'HONNEUR ET CANONNIERS SÉDENTAIRES DE LILLE.

Garde nationale. Musique. 1818.

Canonniers sédentaires de Lille. 1811.

Garde nationale. 1813.

Artillerie de la Garde nationale et Canonniers de Lille. 1831.

Artillerie de la Garde nationale et Canonniers de Lille. 1825.

Empire et Restauration.

Garde nationale. Chasseurs. 1835.

1806.   Garde nationale. 1830.

1830—1873.   3ᵉ République.

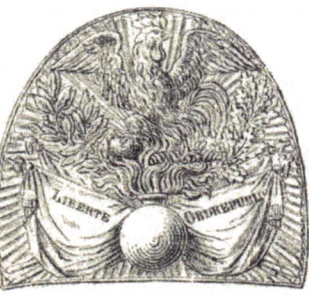

Garde nationale. Grenadier. 1840.

GARDE NATIONALE.

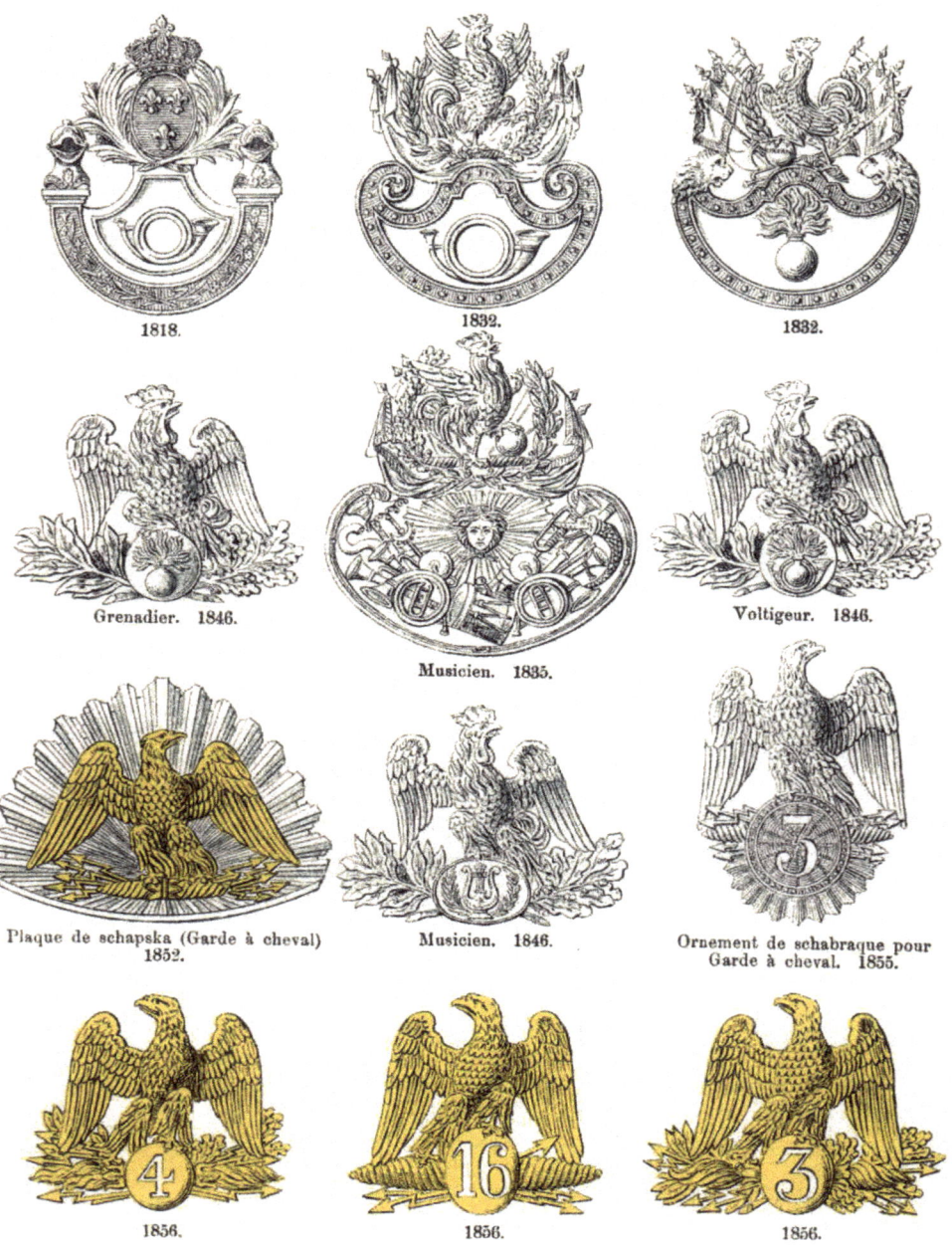

1818.

1832.

1832.

Grenadier. 1846.

Musicien. 1835.

Voltigeur. 1846.

Plaque de schapska (Garde à cheval)
1852.

Musicien. 1846.

Ornement de schabraque pour
Garde à cheval. 1855.

1856.

1856.

1856.

GARDE NATIONALE.

1813.

1815—1816.

1835.

1835.

1824—1825.

1825 Plaque de giberne.

1848.

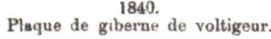

1840.
Plaque de giberne de voltigeur.

1840.
Plaque de giberne de chasseur.

1846.
Plaque de giberne de voltigeur.

1846. Chasseur.

1860.
Artillerie et Canonniers de Lille.

1851.

GARDE NATIONALE.

1818. (Garde nationale de Nimes.)

1816.

1820.

1825. Artillerie de la Garde nationale.

1830.

1825. Artillerie de la Garde nationale.

1848. Grenadiers.

1832.

1848.

1885. Canonniers sédentaires de
Valenciennes.

1846. Artillerie de la Garde nationale.

1825. Canonniers de Lille.

Tome V.

Pl. 14.

MILICES. GARDES D'HONNEUR DE STRASBOURG EN 1744. BATAILLONS SCOLAIRES.

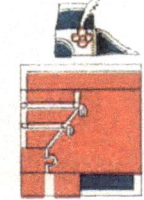

Hussards.

Corps des Marchands.

Corps des Bouchers.

Infanterie 1er Bon.

Infanterie 1er Bon.
Officier.

Elève (caporal) des Bataillons scolaires.

Infanterie 2e Bon.

Infanterie 2e Bon.
Officier.

Corps des Artisans.

Musicien des
2 bataillons d'infrie.

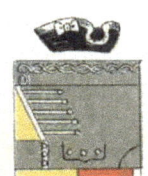

Corps des Aubergistes.

Corps des Brasseurs.

Bouton présumé du
Corps des Marchands.

Musicien du
Corps des Artisans.

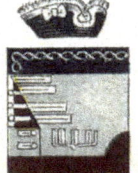

Corps des Artisans.
Officier.

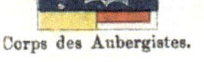

Pl. 15.

GARDE NATIONALE ET SAPEURS-POMPIERS.

Garde nationale
à cheval. 1816—1820.

1810. Paris.

1805. Mâcon.

1825. Alençon.

1825. Lille.

Garde nationale
à cheval. 1816—1820.

1816. Sapeurs-
pompiers
volontaires.

1840.
Mulhouse.

1840.

1840.
Lille.

1835.
Paris.

1845.
Paris.

Sapeurs-pompiers,
(caporal). 1886.

Sapeurs-pompiers.
Grande tenue. 1880.

Officier des sapeurs-
pompiers. Grande
tenue d'été. 1846.

1850.

1890. Modéle Général.

1898. Lille.

1793. Garde nationale. 1848.

INTERPRÈTES.

Guide-interprète. Interprète de 2e classe.
1830.   1854.

Coquille d'épée.
1874.

Dolman. 1874.

Dos du dolman. 1874.

Broderie. 1830.

Parement d'interprète principal.
1862.

Collet pour interprètes principaux
et de 1ère et 2e classes. 1862.

Collet pour interprètes principaux
et de 1re et 2e classe.
1874.

Collet pour interprète de 3e classe.
1862.

Interprète de
3e classe.
1830.

Interprète de
3e classe
1901.

Collet pour interprète de 3e classe.
1874.

Bouton. 1862.

Bouton. 1874.

Interprète
de 3e classe
1862.

Interprète
de 3e classe
1874.

Parement pour interprète principal.
1874.

Interprète
de 3e classe
1892.

Interprète
de 3e classe
1901.

Dr. Lienhart et R. Humbert.

ARCHIVISTES D'ÉTAT-MAJOR.

Attribut du képi de
1ère classe.

Tunique dolman.
1880.

Tunique dolman. (Dos).

Ecusson pour collet de vareuse.

Archiviste principal   Archiviste principal   Archiviste
de 1ère classe.   de 2e classe.   de 1ère classe.

Ecusson pour collet de vareuse
Archiviste   Archiviste
de 2e classe.   de 3e classe

Collet de dolman pour archiviste de 1ère classe.   Collet de dolman pour
archiviste principal de 2e classe.   Collet de dolman pour
principal de 1è.e classe.

Collet de dolman pour archiviste
de 2e classe.   Collet de dolman pour archiviste
de 3e classe.

Bouton.   1880.   Bouton.   1884.
Face.   Profil.   Face.   Profil.

Collet de la tunique-dolman. 1880.

Dr. Lienhart et R. Humbert

Tome V.

Pl. 81.

GRENADIERS D'OUDINOT. LÉGION D'ANTIBES.
VOLONTAIRES DE L'OUEST. CONDAMMÉS MILITAIRES.

Tambour
des Grenadiers d'Oudinot.

Musicien

Soldat.
Légion d'Antibes.

Sous-chef de musique.

Chef de musique.

Officier.
(Lieutenant-colonel.)
Légion d'Antibes.

Clairon-major
d'après les renues
des troupes de France.

Chef de Musique.
Zouaves pontificaux.

Volontaires de l'Ouest.
Officier.

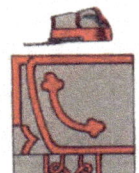

Volontaires de l'Ouest.

Pénitenciers.
1832.

Officier de la
légion d'Antibes.

Volontaire de l'Ouest.

Pénitenciers.

Travaux publics. Képi des volontaires
de l'Ouest.

Képi d'officier
des volontaires
de l'Ouest.

Shako de la
légion d'Antibes.

Ecusson de collet
pour exclus.

Exclus de l'armée.

89

VOLONTAIRES ROYAUX. RÉGENCE DE TUNIS.

VOLONTAIRES ROYAUX.

Volontaires à cheval.   Volontaires.   Tambour. (?)   Volontaires à cheval. Volontaires à pied. Volontaires à cheval.
(Genty).   (Valmont.)   (Valmont.)   (Garde nationale à cheval.)

RÉGENCE DE TUNIS.   RÉGENCE DE TUNIS.

Infanterie.
Officier.

Soldat.
Infanterie et Cavalerie.

Cavalerie.
Officier.

Cavalerie.
Petite tenue.

Artillerie.
Officier.

Artillerie.

Garde beylicale.   Volontaires royaux
Infanterie.   (d'après la collection Genty.)

Décoration des Volontaires   Musique.   1880.   Officiers des compagnies mixtes. Décoration des Volontaires
royaux de la Seine inférieure.   1882.   1883.   royaux de Gand.
1815.   1815.

SOLDIERS, WEAPONS & UNIFORMS ALREADY PUBLISHED
(SOME TITLES)

IMPERIAL SOLDIERS & UNIFORMS 1640-1860
IN THE ART OF FRANZ GERASCH
LUCA S.CRISTINI
Plates by FRANZ GERASCH
SWU-GEN-001

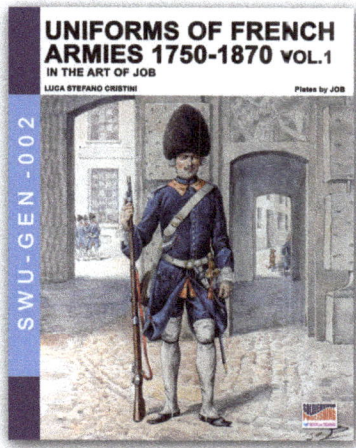

UNIFORMS OF FRENCH ARMIES 1750-1870 VOL.1
IN THE ART OF JOB
LUCA STEFANO CRISTINI
Plates by JOB
SWU-GEN-002

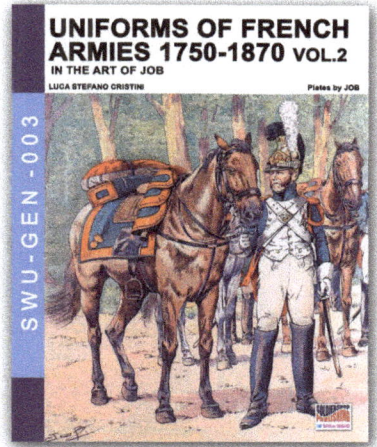

UNIFORMS OF FRENCH ARMIES 1750-1870 VOL.2
IN THE ART OF JOB
LUCA STEFANO CRISTINI
Plates by JOB
SWU-GEN-003

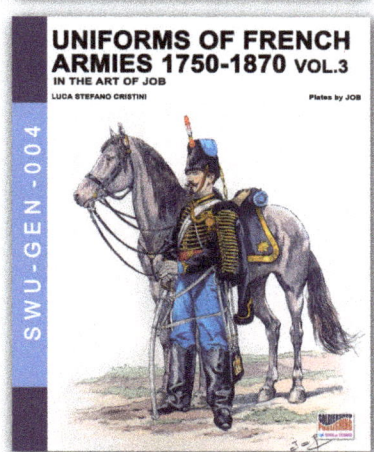

UNIFORMS OF FRENCH ARMIES 1750-1870 VOL.3
IN THE ART OF JOB
LUCA STEFANO CRISTINI
Plates by JOB
SWU-GEN-004

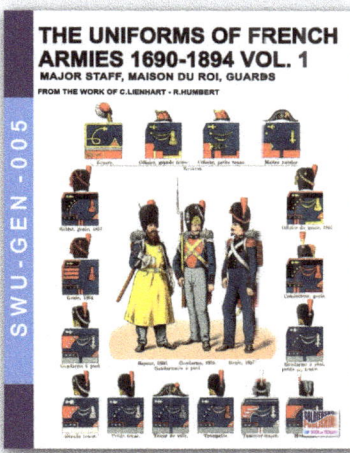

THE UNIFORMS OF FRENCH ARMIES 1690-1894 VOL. 1
MAJOR STAFF, MAISON DU ROI, GUARDS
FROM THE WORK OF C.LIENHART - R.HUMBERT
SWU-GEN-005

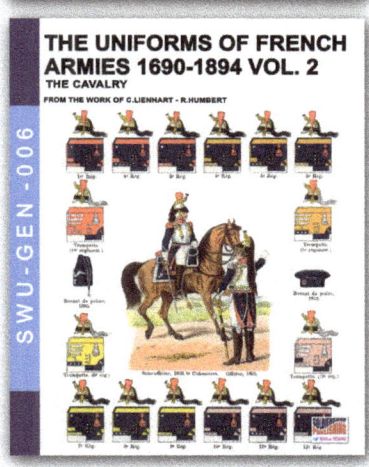

THE UNIFORMS OF FRENCH ARMIES 1690-1894 VOL. 2
THE CAVALRY
FROM THE WORK OF C.LIENHART - R.HUMBERT
SWU-GEN-006

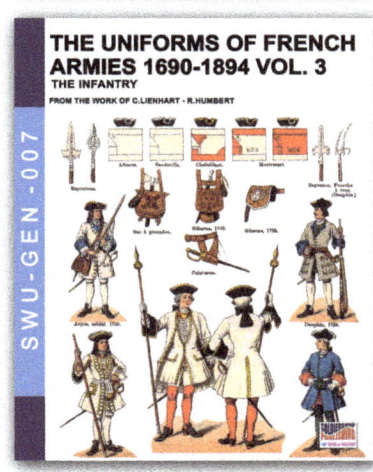

THE UNIFORMS OF FRENCH ARMIES 1690-1894 VOL. 3
THE INFANTRY
FROM THE WORK OF C.LIENHART - R.HUMBERT
SWU-GEN-007

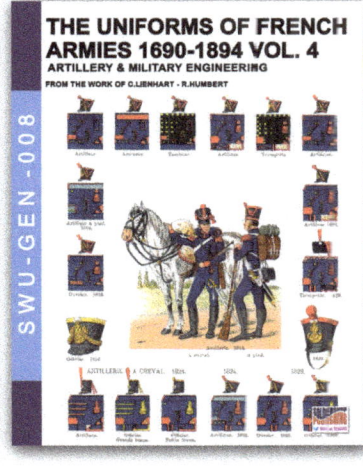

THE UNIFORMS OF FRENCH ARMIES 1690-1894 VOL. 4
ARTILLERY & MILITARY ENGINEERING
FROM THE WORK OF C.LIENHART - R.HUMBERT
SWU-GEN-008

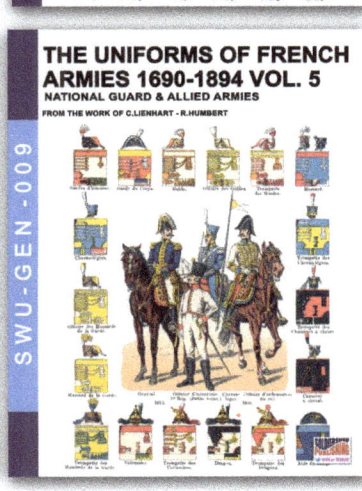

THE UNIFORMS OF FRENCH ARMIES 1690-1894 VOL. 5
NATIONAL GUARD & ALLIED ARMIES
FROM THE WORK OF C.LIENHART - R.HUMBERT
SWU-GEN-009